#1 Ressource dans le Monde!
La Vie Animale Après la Mort et la Réincarnation Animale

La Réincarnation Animale et La Vie Animale Apres La Mort

Réponses à toutes les questions de votre Cœur!
En plus, apprenez «comment» voir, ressentir,
communiquer & connecter avec votre animal décédé.

BRENT ATWATER
Communication animale qui guérit votre Coeur!

Traduit par Evelyn Ziltener Freeman
sous la direction vigilante de Liesel.

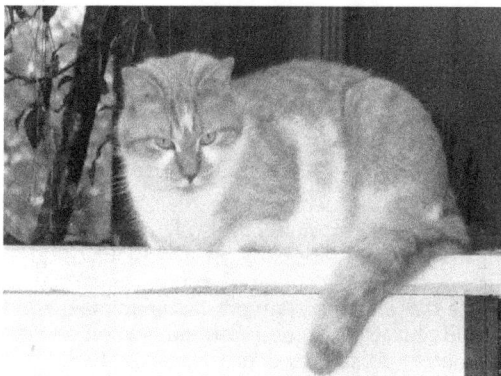

CE SIMPLE LIVRE D'AMOUR
Est donné

A :_____

MESSAGE :_____

_____

DATE :_____

Avec
BEAUCOUP d'AMOUR, d'ETREINTES, et de CARESSES!!!

De la Part
de :_____

& « Friend »

REMERCIEMENTS

Je tiens á vous remercier, le lecteur, pour prendre leTemps d'explorer mon *Simple Livre ®d'Amour* et pour me permettre de partager avec vous ce que j'ai appris et ce que je continue à apprendre à propos de la perte des animaux, la mort, la vie animale après la mort, la réincarnation et la communication animale par d'autres personnes et aux cours de mes expériences personnelles.

Un merci tout spécial á Michael Wellford ainsi qu'á mes précieux compagnons à poils, plumes ou écailles pour leur contribution et leur patience envers moi et mon chemin spirituel.

C'est mon intention que cette information facilitera l'inspiration de plus grandes perspectives et une conscience agrandie dans votre vie.
Je remercie ceux qui m'ont soutenue et ont encouragé mon cheminement ainsi que les auteurs, conférenciers et enseignants qui ont contribué à développer ma conscience.

Ma gratitude va également à chaque personne qui a partagé une histoire avec moi afin que les lecteurs puissent en tirer de l'espoir et être inspiré par «tout ce qui est possible.»
Un merci spécial à tous les animaux domestiques, les animaux et leurs gardiens dont le lien d'amour à jamais est la raison pourquoi j'écris les livres à propos de la vie animale après la mort et la réincarnation.

Dédicace

Ce livre est écrit pour honorer tous mes animaux bien aimés qu'ils soient canins, félins, équins ou autres, ceux qui sont mes professeurs, mes tuteurs et mes compagnons (y compris Fishy) avec qui j'ai partagé mes expériences, mes apprentissages et ma vie. Du fond de mon cœur vers le vôtre, merci!

Mon amour tout particulier va à vous et à chacun d'entre vous pour avoir rempli de joie mon cœur et ma vie.

A Thomas Michael Ramseur Wellford dont la vie, l'amour, et la mort ont rendu ma compréhension possible. Je te tiendrai toujours et je t'entendrai toujours dans mon cœur, mon âme, et mes rêves. A ces gens spéciaux et à ces petites boules de poils qui sont ma joie et avec qui je partage l'espoir, le rire, et la VIE!!!

TABLE DES MATIERES

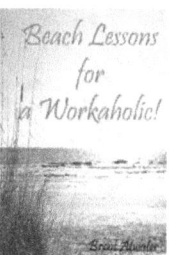

BOOKS
by
Brent Atwater

My Love will go on and on and on...
The Animal Medium www.brentatwater.co

Mon amour va continuer et sur

Je Voudrais Dire!

Si vous lisez cette introduction vous aimez probablement beaucoup les animaux ou vous connaissez quelqu'un qui a besoin d'une forte étreinte affectueuse.

Si vous adorez® tout simplement les animaux ou que vous avez souffert la perte d'un compagnon à poils, à plumes ou à écailles, que vous avez un intérêt pour les vies passées des animaux, la réincarnation animale, la communication avec les animaux, ou que vous vous inquiétez pour une autre personne qui est en deuil après la perte d'un animal bien aimé, alors ce livre sur la réincarnation animale est pour vous !

La Réincarnation Animale répond à presque toutes les questions auxquelles vous pouvez penser au sujet de la perte d'un animal, la transition, la vie des animaux après la mort, et le processus de la réincarnation animale. Le livre vous apprend «comment» demander à votre animal domestique s'il va se réincarner, le trouver à l'au-delà et le reconnaître quand il revient sur terre. En plus, le livre présente des techniques qui vous enseignent : «comment faire voir, ressentir, toucher et communiquer avec votre animal domestique».

Les livres, *«Je Suis de Retour à la Maison»*, *une Histoire d'Amour pour Toujours,* des livres qui partagent des histoires d'amour réconfortantes à propos de chiens, chats, et chevaux qui illustrent des signes différents et des évènements qui ont mené à réunir chaque parent avec son compagnon bien aimé.

Mme Atwater offre les vies passées de son chien bien aimé, Friend, et les multiples réincarnations de celui-ci durant sa vie pour affirmer «Je sais ce que c'est du fond de mon cœur et basé sur les expériences de mon âme, que ce soit à chaque maladie de mes animaux bien aimés, quand leur santé est en train de se détériorer, qu'ils ont des maladies chroniques ou même quand leur mort est soudaine ou inévitable et ils traversent le Pont Arc-en-Ciel vers l'au-delà et ils reviennent sur terre.»

Je tiens à remercier toutes les merveilleuses créatures chéries de Dieu qui m'ont appris ce que je partage avec vous dans ce livre et que j'écris pour honorer leur vie.

J'ai écrit cela dans le ton de la conversation afin d'améliorer les liens émotionnels. J'ai choisi de ne pas être limitée par les stricts paramètres d'édition traditionnels. Puisque l'écriture est un art, je suis autorisée à être créative.

Ce livre tire son information de ma recherche et d'une multitude d'histoires d'espèces animales internationales recueillies avant et après la mort au fil des décennies. Les histoires de réincarnation des animaux domestiques représentent les leçons que les parents des animaux ont appris et comment la prise de conscience et le cœur ont évolué à la conscience supérieure grâce à l'expérience de chaque mort et renaissance.

«De revivre chaque histoire dans mon cœur pendant que je vérifiais la mise en page, l'orthographe et que je corrigeais ce livre a été difficile. J'espère que la poursuite de mes recherches fera ressentir un apaisement à votre cœur et vous soutiendra dans ce que vous êtes en train de vivre et vous aidera à approfondir le sujet.

C'est mon intention pour ce livre de réconforter votre cœur, de réaffirmer ce que vous avez au fond de votre âme, de vous aider à vous inspirer l'espoir, et en plus d'élargir votre conscience en vous fournissant un aperçu de tout ce qui est possible et réel!
Je m'attends à ce que ces histoires véridiques vous donnent la chair de poule en guise de confirmation et à ce que vous puissiez vous identifier aux pensées et aux expériences des parents des animaux pour peut-être vous dire…Hmmmmmmm
Cela a un lien avec ce qui est en train de se passer dans ma vie!

Si quelqu'un vous dit: «C'est juste un animal», oubliez-le! J'espère que chacun d'entre vous ressentira l'apaisement profond qui vient d'une conscience élargie que vous avez choisie et qui vous aidera à reconnaître quand vos compagnons animaux bien aimés se réincarneront pour être à nouveau avec vous.

Beaucoup de personnes vont immédiatement vers la zone contenant les informations qu'ils souhaitent. À un certain point, s'il vous plaît prendre le temps de lire le livre en entier. Il vous aidera à travers toutes les phases de la transition de votre animal, renaissance et une nouvelle vie. Certaines personnes utilisent la livre de poche pour prendre des notes et un classeur tout en pratiquant les exercices spécifiques et des techniques de connexion des animaux.

Le Chien avec MON «B» sur les fesses!

Mon enquête sur la mort et à l'au-delà a commencé il y a des années quand j'ai perdu mon fiancé dans un accident de voiture inattendu. Je voulais désespérément le retrouver. J'ai commencé à chercher des moyens pour faire revenir son énergie.

Pendant que j'étudiais le processus de la réincarnation, je me suis de plus en plus rendue compte que mes chiens successifs affichaient des traits de caractère extrêmement si non pas totalement semblables.

«Friend», mon «Border Collie» est né avec un « B »
sur les fesses qui correspond exactement à ma
signature. J'ai reconnu cela comme mon signe et ma
mission d'écrire à propos de ce que mon cœur avait
appris à reconnaître et que la réincarnation animale
est réelle.

Pendant la poursuite de mes enquêtes et les
documentations que je rassemblais, j'ai recueilli des
histoires d'animaux vraies partout dans le monde
entier. Chaque histoire m'a appris quelque chose sur
la réincarnation et le royaume des animaux. J'ai lu
des histoires au sujet d'animaux vivants qui avaient
réincarné plusieurs fois dans la vie de chaque
propriétaire comme Friend l'avait fait dans la mienne.
D'autres ont validé et illustré des exemples de signes
et d'évènements présents pendant le processus de la
réincarnation.

J'ai écrit mon livre, «Je suis de Retour à la Maison»
de façon à ce que le lecteur soit capable de toucher
chacun des animaux dont l'histoire est contenue dans
ce livre. J'aimerais que le lecteur puisse parler à
chacun des maîtres de ces animaux pour entendre
«leur» histoire afin que personne ne puisse dire que
«j'ai tout inventé.»

Ce livre, *La Réincarnation Animale* représente un aperçu des éléments de preuve tirés maintes et maintes fois de toutes les histoires et questions partagées et posées sur des interviews et radio, des ateliers, des conférences, des présentations et signature de ce livre que j'ai fait et que je ferai à l'avenir.

Chaque fois que je pense que j'ai répondu à toutes les questions possibles, une autre se présente. Je révise, *La Réincarnation Animale* à peu près chaque année pour mettre à jour ma base de connaissance qui contient ces questions et réponses. J'ajoute aussi de nouveaux moyens de communication et de connexion animale à chaque révision.

C'est mon intention pour ce livre **de vous donner les moyens** de communiquer et de comprendre l'énergie de votre animal avant, pendant, au-delà et au long de leur processus de réincarnation. C'est aussi pourquoi j'ai fondé AMIDI, le processus pour vous aider à voir et suivre la force d'énergie de votre animal dans sa forme de vie actuelle et de la suivre au cours de l'évolution de sa réincarnation.

C'est aussi pourquoi j'ai créé AMIDI, le processus de voir et de suivre l'énergie de la force de vie de votre animal domestique à partir de la forme de sa forme de vie actuelle et au cours de sa transition dans la vie après la mort et l'évolution de la réincarnation.

Je ne croyais absolument rien à toutes ces histoires de réincarnation et de vie à «l'au-delà» mais la mort inattendue de Mike m'a montré «Tout ce qui est Possible». Parce que je lui faisais confiance de son vivant, je lui ai fait confiance après sa mort pour qu'il puisse m'apprendre ce que je partage maintenant avec vous.

Je voudrais enseigner aux lecteurs que la vie après la mort et la réincarnation animale sont réelles.

Comment puis-je savoir si c'est mon animal domestique?

Suivez votre cœur, Vous ne pouvez pas
vous tromper !

L'Histoire de la Réincarnation

La réincarnation est censée de se produire après la mort biologique lorsque l'esprit ou l'âme revient sur terre sous forme d'un nouveau corps pour éprouver un nouvel apprentissage.

La croyance à la réincarnation remonte aussi loin que les anciens Egyptiens. D'autres qui embrassent la réincarnation sont les Bouddhistes, les Hindous, le Jaïnisme, le Taoïsme et les religions indiennes, y compris les personnages historiques tels que Platon et Socrate. Autrement dit, de croire à la réincarnation signifie que vous croyez que l'énergie de l'âme est immortelle et infinie.

La réincarnation Animale est parfois appelée la transmigration; un processus que la religion Hindoue, le Yogi et d'autres approuvent. Le processus de transmigration est la croyance que l'esprit/l'âme du défunt passe dans des formes corporelles successives. Selon le point de vue du Yogi, un animal doit transmuter plusieurs fois pour évoluer dans une forme humaine.

La croyance à la réincarnation la plus populaire est quand le corps physique meurt, l'énergie vitale connue sous le nom «esprit» ou «âme» est éternelle. Par conséquent, cette âme peut choisir de renaître dans un autre corps.

C'est aussi une croyance commune que le nouvel organisme que la vieille âme choisit d'habiter est basée sur le Karma de sa vie passée et son but Karmique ou spirituel avec l'accord que vous avez fait ensemble. Par conséquent, pour moi, c'est une attente raisonnable pour beaucoup de gens qui croient que leurs animaux domestiques vont se réincarner.

Bien que tous les gens ne croient pas à la réincarnation, la plupart des gens sont d'accord avec la croyance que nous serons tous réunis avec tous nos animaux qui sont allés au Pont Arc-en-Ciel quand notre corps meurt et l'âme traverse l'au-delà.

En 2007, une entreprise de recherche indépendante britannique respectée appelée YouGov a conduit une recherche et a découvert que les chiens étaient le type d'animal qui avait la plus grande chance d'être considéré comme une réincarnation par les propriétaires d'animaux domestiques. 51% des gens ont dit qu'ils ont eu ou ont des chiens qu'ils croient être réincarnés, alors que 44% ont dit qu'il s'agissait d'un chat.

Certaines personnes qui n'ont pas eu l'expérience d'un animal réincarné, pensent que les animaux ne reviennent pas parce qu'ils n'en ont pas le besoin ou parce que les animaux n'ont pas de leçons à apprendre.

D'autres qui n'ont pas eu l'expérience d'un animal-réincarné suggèrent qu'une personne bien aimée qui vient de mourir pourrait vous avoir envoyé une petite boule de poils, plumes ou écailles pour être avec vous. Selon mon expérience et mes recherches, les animaux se réincarnent pour des raisons diverses.

Un animal qui est connecté pour toujours à votre âme est généralement un guide spirituel ou un esprit gardien qui voyage avec vous sous forme animale pendant votre parcours sur terre.

L'information sur la réincarnation que vous trouverez dans ce livre est tirée d'amis, de clients et de mes expériences personnelles. Nous croyons tous que les animaux se réincarnent sous la forme qu'ils choisissent que ce soit pour mon chien « Friend » ou pour chacun de nos animaux, les animaux **SE REINCARNENT!**

Utilisez toute information qui résonne juste pour vous et rappelez-vous:
Il peut toujours y avoir des exceptions!

He has NEVER stopped loving you...

© Video du retour du Pont Arc-en Ciel
La traduction : Il n'a jamais cessé de vous aimer…

Quand vous avez perdu votre animal bien-aimé, votre compagnon, votre chien gardien, votre animal de thérapie, votre compagnon pour toujours et l'amour de votre vie, animal à poils, plumes ou écailles, votre «enfant», tout ce qu'il y a de bon dans ce monde, **ne perdez pas l'espoir.** Ecoutez les exhortations de votre cœur, fixez vos rêves, et suivez la sagesse de votre âme. Faites attention à votre intuition et à votre petite voix intérieure.

Si vous avez envie de vous accrocher aux lits de votre animal domestique, objets et jouets, même de garder sa fourrure dans un bocal, **il y a une raison.** Si vous avez chuchoté «Reviens vers moi», pendant qu'il était sur son lit de mort, **il y a une raison**! Si votre cœur vous dit, «òu est mon animal domestique, où est mon animal domestique, je dois le retrouver»! Un sentiment profond dans votre âme vous dit qu'il sera de retour.

Chacune des âmes d'un animal est un esprit d'énergie éternelle qui vit pour toujours dans notre vaste univers. Que ce soit votre (soul mate), votre compagnon d'âme, votre boule de poils pour toujours, votre animal guide ou enseignant spirituel sous forme animale, Dieu et l'univers honorent son choix de se réincarner en n'importe quelle manière pour vous accompagner dans de différents corps physiques au cours de votre vie.

Il ne s'agit pas seulement du but de l'âme ou de leçons particulières de votre animal. La réincarnation simple de votre animal ou d'autres formes de réincarnation comme «a walk-in» ou «soul braid», une fusion de deux âmes, c'est simplement ce que vous avez à accomplir ensemble.

Il/elle continuera à se réincarner en serpentant jusqu'à ce que vos possibilités d'apprentissage et vos accords spirituels soient remplis. La réincarnation animale dépend de l'accord humain que vous avez fait entre votre âme et celle de votre animal avant de retourner sur la terre pour cette vie et d'autres à venir. Cette réincarnation est seulement entre vous deux et personne d'autre.

Sachez que votre animal n'est pas parti pour toujours.
Il a simplement changé la forme de son énergie vitale.

Donnez à l'énergie de votre animal et à son esprit le temps de se remettre, de se rééquilibrer, de se régénérer et de se relocaliser dans un nouveau corps s'íl choisit de revenir.

Un contrat de réincarnation n'est pas compliqué.
C'est un simple accord d'âme pour revenir vivre avec
vous.   La forme exacte et le moment peuvent
amener quelques rebondissements lors de ce
processus mais une fois encore, il s'agit d'un contrat
simple d'une âme à l'autre.

Together you begin AGAIN,

La traduction : Ensemble, vous recommencez!

Toutes formes de réincarnation accomplissent le fait
que votre animal domestique est de retour pour
partager avec vous le cycle éternel de la vie.

**Votre âme saura quand il est temps de chercher
encore votre animal domestique.**

**Suivez votre cœur,
vous ne pouvez pas vous tromper!**

"I celebrate your Love and set my Grief free,
so You can choose to come back to me!"

© Animal Reincarnation Animal Life After Death by Brent Atwater

La traduction : «Je fête ton amour et libère mon chagrin de façon à ce que tu puisses revenir vers moi!»

Voilà une affirmation pour ouvrir la **possibilité** de la réincarnation d'un animal domestique:

«Je fête ton amour et je libère mon chagrin, de façon à ce que tu puisses revenir vivre avec moi».
***Quoique vous le voulez de tout cœur,
AUCUNE affirmation assurera le retour de votre animal domestique ou créera un contrat de réincarnation.

Est-ce que les animaux reviennent TOUJOURS?
Parfois, la durée d'une seule vie est ce que tous les deux avez choisi d'en faire l'expérience ensemble.

La Réincarnation est un simple concept!

Si vous faites bouillir de l'eau, quel est le résultat?
De la VAPEUR!
Si vous gelez la VAPEUR, que devient-elle? De la
GLACE !
Si vous faites fondre la glace, que devient-elle? De
l'EAU!
Alors, l'énergie éternelle continue pour toujours!

L'énergie essentielle de l'âme, ce qui est la force de
la vie, NE CHANGE JAMAIS! Elle prend simplement
des formes physiques différentes.

C'est de la physique! L'énergie électro-magnétique
existe indéfiniment. Pensez simplement au concept
de l'eau, de la vapeur et de la glace. La base de
l'énergie de l'eau ne disparaît jamais. Elle change
simplement d'une forme à l'autre.

Savez-vous que le corps humain contient à peu près
75% d'eau et un chat à peu près 60%? Selon ASPCA,
le corps d'un chien contient 80% de son poids en
eau.

Alors je pense qu'un animal domestique qui a quitté
son corps arrive en forme de vapeur au Pont Arc-en-
Ciel et conserve cette forme   jusqu'au moment où il
choisit une autre forme physique pour son voyage de
retour...

Death is NOT forever,
it's just FOR A WHILE!

Animal Reincarnation, Animal Afterlife Book by Brent Atwater

La mort n'est pas toujours, c'est juste pour un
moment !

R E P veut dire que la réincarnation est totalement possible!

La mort physique est juste le début du retour vers vous!

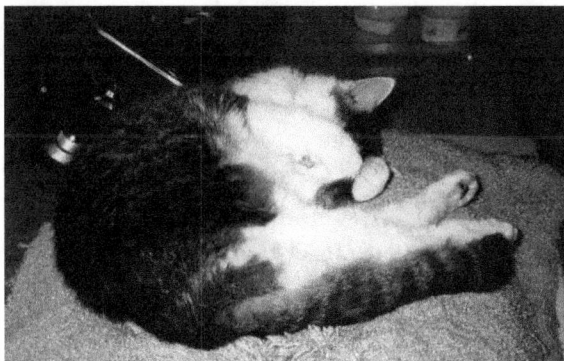

Chaque corps physique offre une opportunité pour un processus de renaissance, que ce soit l'âge, maladie, handicap ou un choix pendant la naissance pour s'en aller prématurément.

La mort commence la négociation de l'évolution des formes physiques.

Comme ils ont eu une vie plus courte, c'est une nécessité de passer à un corps plus sain pour nos chers animaux, oiseaux, poissons ou reptiles de manière â ce qu'ils puissent partager notre chemin de vie.

Comme les humains, les animaux ont des points de sortie multiples qu'ils peuvent choisir pour leur retour. C'est pourquoi «quand le moment arrive», vous et votre animal doivent intrinsèquement comprendre ce qui se passe. C'est le script que vous avez écrit ensemble pour cette occasion particulière et c'est votre point de sortie. N'importe la condition de la transition, qu'elle soit douce ou horrible, souvenez-vous que vous et votre animal domestique ont choisi ce scenario spécifique pour agrandir vos âmes.

Si vous lisez ce livre avant le passage imminent de «l'amour de votre vie», **sachez** que la mort et la transition marquent la première étape de la réunion avec vous.

La mort ne dure pas pour toujours;
C'est simplement pour un petit moment !
Ces mots vont vous aider pendant la transition et le processus de l'attente. Pensez à ce fait! Cela vous permettra d'économiser beaucoup de larmes si vous attendez avec de l'anticipation et sans chagrin.

Le Processus de la Transition

Pendant le processus de la transition, le corps physique de votre animal domestique sera en conflit avec l'amour que son âme éprouve pour vous et le fait de vouloir rester avec vous dans votre situation actuelle même que tout le monde comprenne ce qui se produit.

Quelquefois, quand un animal domestique se prépare à partir, et vous vous accrochez à tout prix à cause de votre égoïsme:
L'animal s'éloignera de vous; Ne vous regardera pas dans les yeux;
Evitera les contacts personnels qu'il a normalement avec vous;
Restera et se cachera dans une autre pièce pour éviter votre énergie qui est la source de ce conflit.

Un autre signe d'une transition imminente se présente quand vous voyez un animal plus âgé ou malade assis à une fenêtre ou sur le pas de la porte qui regarde à l'extérieur comme s'il était en train de mémoriser ses derniers souvenirs terrestres. C'est ce qu'il est en train de faire !

N'ayez pas de culpabilité sur le processus de la mort! Rappelez-vous que tout ce qui s'est passé a suivi le script que vous avez écrit et l'accord que vous

avez fait avec votre animal avant que tout se
produise. Votre animal domestique sait qu'il est aimé
et que vous avez fait de votre mieux. Si la mort est
le résultat d'un accident, ce scenario a été planifié
aussi.

Sachez que tout est **EXACTEMENT comme cela est
censé d'être pour que vous deux puissiez vivre
les opportunités d'apprentissage et les leçons
dont** vous aviez décidé d'en faire l'expérience.

Les Signes qui indiquent que le Processus de Transition est Imminent

Avant ou pendant la période pendant laquelle votre
animal commence à retirer son énergie vitale, ce qui
correspond à 24 ou 48 heures avant de quitter son
corps. Si vous pouvez voir l'énergie, son aura va
diminuer graduellement. Perdant cette période ou
auparavant, vous pouvez demander à votre animal s'il
va se réincarner.

Si vous voyez des auras (une radiation subtile,
lumineuse qui entoure une personne, un animal ou
objet comme un halo), vous pourrez remarquer que
l'énergie électromagnétique de la force de vie de
votre animal se concentre de manière plus centrale
dans la région du cœur. A ce moment le corps
physique d'un animal se refroidit au fur et à mesure
que son énergie se retire en préparation du départ.
Ce processus physique progressif commence par les
pattes et les oreilles froides, les gencives pâles,
ensuite les yeux ternes ou vides, etc.

Si vous pouviez suivre et voir l'énergie de la force de
vie comme je le fais, vous pourriez voir l'aura de
votre animal se retirer à l'intérieur de son corps. Puis
l'aura de votre animal domestique va commencer à
avoir beaucoup de trous noirs à l'intérieur. Lorsque
l'énergie de l'animal devient complètement noire, à ce
moment, vous savez que la force de son énergie a
achevé la transition et s'est détachée de son corps.

Vous verrez alors des tourbillons d'énergie violette tournant dans le sens inverse des aiguilles d'une montre quand l'essence de leur vie franchit le seuil de la mort, une zone complètement noire, avant de réapparaître de l'autre côté comme une lumière blanche et brillante, étincelante «dans toute sa possibilité».

Affirmation pour aider à la transition de votre animal domestique.

L'affirmation ci-dessous va assister votre compagnon chéri à faire la transition plus facilement et sans complications physiques horribles.

1. Tenez ses pattes de devant avec vos mains ou placez la main avec laquelle vous écrivez (C'est celle de vos mains qui envoie l'énergie) près de son cœur.

2. Regardez votre animal dans les yeux si possible, mais pas nécessaire. **Demandez-le au sein de votre cœur ou à haute voix**: (Demandez une fois ou aussi souvent que vous voulez.)

Votre intention à cette déclaration spécifique contribuera à rendre la transition de votre animal domestique aussi douce que possible. **Ne changez pas les mots ou cela changera l'énergie émise.**

«Remplissez le tiret avec le nom de votre animal, je t'aime, je respecte et je supporte tes choix. De l'amour au fond de mon cœur, je t'envoie mon énergie vitale pour que tu puisses l'utiliser de la manière dont tu choisis.»

C'est impératif d'utiliser les mots **«de votre choix»** afin que votre animal domestique puisse utiliser cette énergie additionnelle venue de l'amour de votre cœur pour l'aider à passer à l'au-delà ou à se rétablir...Puis après tout, c'est son choix!

Tout comme un être humain, un animal dispose de plusieurs points de sortie prédéterminés au cours de sa vie. Votre animal peut choisir de survivre et de rester avec vous à ces moments clés ou au contraire, il peut choisir de s'en aller.

Souvenez-vous, quel que soit **votre** désir, il existe un point au-delà duquel un corps physique ne peut pas se régénérer ou se rétablir.

Moments de Mémoire

Après avoir dit ces mots et si votre animal domestique a décidé de partir, à un moment donné avant de franchir le Pont Arc-en-Ciel, votre animal domestique va créer un *Moment de Mémoire* tendre de façon à reconnaître votre amour alors qu''ils terminent cette réincarnation.

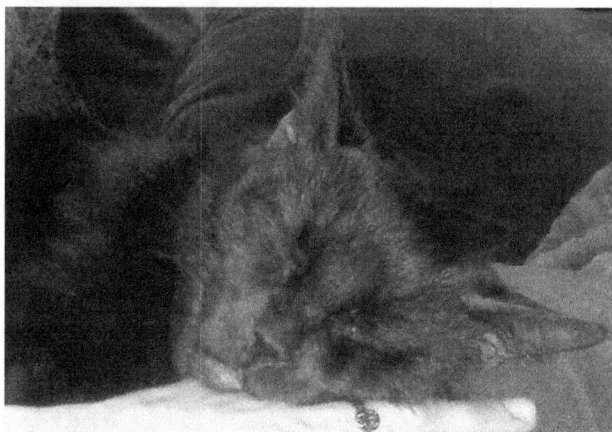

Un *Moment de Mémoire* est une action ou un comportement qui est hors de caractère pour votre animal et contraire à ses habitudes.

Par exemple: Un animal s'est assis et regarda profondément dans les yeux de son maître pour plusieurs jours avant de mourir. Un autre animal s'est assis de l'autre côté de la terrasse comme s'il voulait se distancer de l'énergie de son maître. Notre Emission de Radio sur La Vie des Animaux: «*Je suis à nouveau vivant*» présente un Podcast magnifique sur le sujet.

Un moment de mémoire est aussi une façon de vous faire savoir que tout est OK et peu importe ce qui arrive, et qu'il sera très bien.

La chatte d'une cliente avait été extrêmement malade pendant des mois et restait seule dans son lit dans un coin sombre. Plusieurs jours après avoir commencé à dire l'affirmation ci-dessus, sa chatte se leva, vint

vers elle pour s'asseoir sur ses genoux et ronronna.
Plus tard cette nuit- là, elle alla s'endormir calmement
pour la dernière fois (sans assistance) confiante en
l'amour de son maître pendant que celle-ci récitait
cette affirmation.

**Lorsque vous donnez votre force d'énergie
à votre animal domestique pendant le
processus de transition, est-ce que
l'énergie continue à travailler lorsqu'il a
fait la traversée ?**

Non! Etant donné qu'il s'est détaché
électromagnétiquement de son corps physique, vous
devez établir une autre connexion avec lui à l'au-delà.

L'énergie et l'intention que vous lui envoyez quand il
est de l'autre côté est basée sur une gamme de
fréquence différente. Afin d'accéder l'énergie future
pour l'aider à se réincarner, vous utiliserez des
intentions et des prières différentes.

Est-il important de Croire à la Réincarnation?
Oui! Votre largeur d'esprit facilite le retour de votre
animal domestique plus facilement. L'incrédulité crée
une barrière d'énergie.

Si vous ne croyez pas complètement à la
réincarnation mais vous pourriez accepter le concept,
dites-vous «au moins je vais essayer, pourquoi pas»?
Alors votre animal pourra revenir plus facilement s'il a
choisi de le faire.

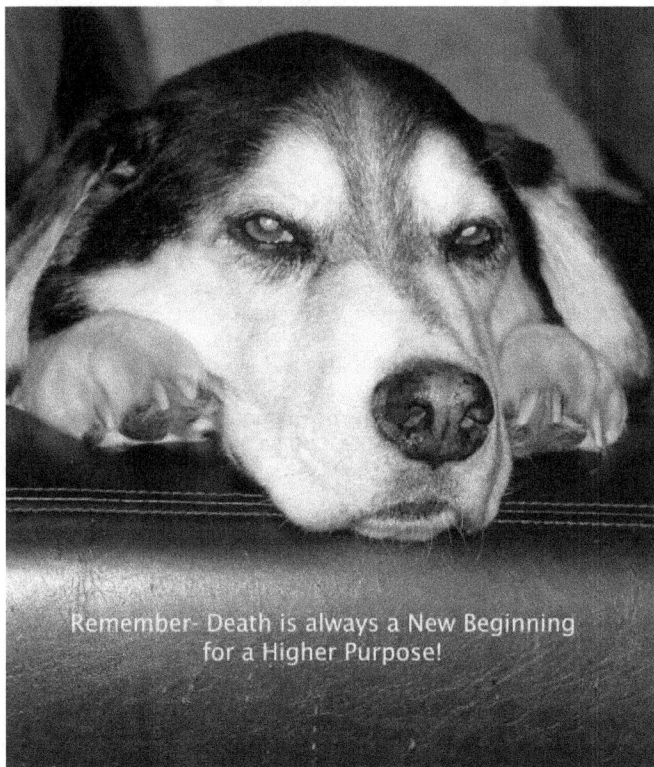

Remember- Death is always a New Beginning
for a Higher Purpose!

La traduction:
Rappelez- vous que la mort est toujours un nouveau
départ pour un but plus élevé

Votre animal ne se réincarnera pas tant que vous ne croyez pas à la possibilité de son retour.
Pourquoi? Parce qu'ils honorent votre processus de pensée libre et votre incrédulité à la réincarnation.

Si vous choisissez de ne pas croire à la réincarnation de votre animal domestique et qu'il est prévu que votre Animal revienne dans cette vie, l'univers arrangera de nombreuses situations pour vous donner l'opportunité de changer d'avis afin de bien mener l'accord que vous avez fait avec votre animal. Si votre âme n'évolue pas pour embrasser la possibilité de la réincarnation, vous devrez compléter cet accord lors d'une autre vie.

Comment demander à votre animal s'il va se réincarner?

Quand vous voulez demander à votre animal vivant si il va se réincarner, tenez ses pattes de devant dans vos mains ou placez votre main sur le corps de l'animal près de son cœur, regardez-le dans les yeux, si possible, et demandez au sein de votre cœur ou à haute voix:
Je demande et c'est mon intention de savoir si toi et moi serons ensemble à nouveau dans cette vie? Reviendras-tu vivre avec moi dans cette vie?

Votre cœur saura la réponse.

Si vous ne recevez pas de réponse ou une réponse que vous pensez n'est pas claire ou factuelle, cela peut être à cause des émotions profondes que tout le monde ressent. Utilisez les prières citées dans une section auparavant, pour recevoir une réponse après l'arrivée de votre animal domestique de l'autre côté.

Le début du Chagrin

Si vous lisez ce livre immédiatement après le décès de votre animal domestique, ne soyez pas fâché ou frustré que vous ne pouvez pas entendre ce que vous voulez savoir ou que vous avez des ennuis avec les techniques différentes de connexion avec votre animal domestique.

Quoique le chagrin fasse partie du processus émotionnel, il va limiter votre capacité de communiquer avec votre animal. Les émotions intenses créent un filtre énergétique qui entrave une bonne connexion d'énergie et de communication avec votre animal.

Bien que le chagrin soit une partie du processus émotionnel, il va interférer avec votre capacité pour connecter avec votre animal domestique. N'ayez aucun espoir pour le résultat initial. Les émotions intenses créent un filtre énergétique ce qui peut entraver et peut vous empêcher de recevoir des informations et des signaux.

Une fois que vos émotions sont moins intenses, revisitez l'ensemble de ces techniques et **vous serez en mesure** de les faire avec un peu de pratique. **Il faut environ deux semaines pour se connecter avec l'autre côté «sur demande.»**

Bien que la mort physique puisse et semble être tellement déchirante et permanente, *vous devez vous souvenir* que **c'est la première étape vers la réincarnation.** Il a besoin de se débarrasser de ce vieux corps pour un nouveau et nouvelle version!

Etant donné que votre compagnon bien aimé vous est tellement attaché, le fait de pleurer épuise son énergie et met des freins sur sa capacité de faire la transition de la meilleure manière possible.

Donnez à votre bébé la permission de faire **«comme il choisit».** Honorez l'agenda de son voyage entre la mort et une nouvelle vie, de manière à ce qu'il puisse vous rejoindre plus rapidement! Bien que cela soit tellement difficile à faire dans les moments critiques, il s'agit avant tout de respect et d'amour mutuel.

Continuez à concentrer votre attention et les émotions sur la mort de votre animal domestique et la douleur va continuer à ralentir et à repousser le processus de la rentrée de votre animal.

Célébrez l'amour que vous avez partagé! Sortez chaque mémoire précieuse et revivez toutes les choses merveilleuses que vous avez partagées. Concentrez-vous sur le fait que son amour est sans fin, son énergie est vivante et bien portante! Et un rappel que votre animal domestique est juste en forme de «vapeur».

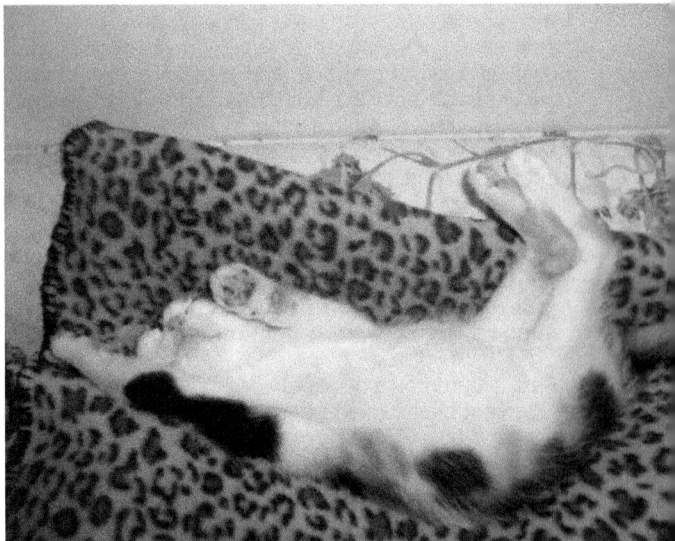

Groupes de Soutien

Il existe des groupes de soutien de toutes sortes pour les habitants du Pont Arc-en-Ciel; Face à face, dans des établissements de santé, à l'église, dans des refuges, La Société Protectrice des Animaux (SPA), des groupes de sauvetage, et d'autres organisations diverses, chat rooms, et en ligne. Ces groupes contribuent à atténuer le chagrin et à faciliter la guérison.

Demandez-vous cette question difficile: Est-ce que mon groupe de soutien répond aux critères d'une expérience positive ou négative?

Un groupe de soutien positif et proactif est celui qui encourage l'apprentissage. Ce groupe favorise aller de l'avant et contribue à agrandir votre conscience et votre habilitation. C'est une bénédiction dans votre vie!

Le chef d'un groupe positif n'est pas intimidé par vos questions sans réponse, mais il est inspiré à élever son savoir et à trouver plus de ressources et d'options pour vous. Ce modérateur vous encourage à poser des questions qui nécessitent une enquête plus approfondie afin de contester chaque membre du groupe à penser au-delà de la perte animale en question et aux circonstances avec un esprit plus ouvert. « Est-il possible que mon animal puissse se réincarner»?

Un groupe de deuil animal positif décourage les membres du groupe de maintenir la mentalité «mon animale domestique est parti pour toujours», une mentalité de victime. Ils comprennent les raisons psychologiques et que c'est une période compliquée avec beaucoup de confusion dans votre vie. Les Conseillers de l'Espoir Animal ™ offrent des approches pour attaquer votre nouvelle vie sans votre animal chéri.

Le travail d'un modérateur positif est de faciliter votre transition à travers cette période de douleur émotionnelle et de solitude et de ne pas permettre à vous apitoyer dans une angoisse permanente.

De l'introduction de l'histoire « La Perte d'un Animal Domestique » à un hebdomadaire
«Comment vous Sentez-vous», les pleurs et les histoires de malheur, les groupes de soutien animal négatifs se réunissent seulement pour célébrer l'identité que vous créez à partir de la mort dévastatrice de votre animal domestique. C'est le plus haut niveau de soutien d'un groupe de «victimes», qui compatit aux malheurs et à la commisération à travers des expériences perpétuelles d'énergie négative.

Peu importe combien vous pensez que ce groupe vous aide à faire face à la mort d'un animal, ce n'est pas le cas et très loin de la vérité.

Ils existent pour parler et partager les évènements négatifs, en créant ainsi une atmosphère «d'être coincé dans la douleur». C'est comme un prolongement par cours de «tranquillisants».
De participer à un groupe qui ne fait que raconter ce qui «était», continue la déprime inconsciemment et un impact négatif sur le participant. Les détails de la mort de votre animal et la souffrance n'ont pas besoin d'être adressés à plusieurs reprises encore et encore!

De continuer un deuil sans solutions positives crée un «autre pauvre vous». Je comprends parce que c'est un scénario courant avec les groupes en ligne.

J'ai été retirée de plusieurs groupes de soutien parce que j'ai posté ce concept: «N'avez-vous jamais considéré le vieux concept de la réincarnation qui date de 6000 mille ans qui a été adopté par toutes les religions anciennes, les plus importantes du monde?»

Plusieurs personnes m'ont dit qu'ils ont eu peur de poser des questions sur la vie animale après la mort et la réincarnation des animaux domestiques en dehors de leur groupe de soutien parce que les membres répètent les mêmes conversations mais avec plus de photos du Pont Arc-en-Ciel pour des mois et des années.

Les recherches confirment que de raconter votre histoire déchirante et de lire les histoires douloureuses de ceux qui se vantent ne facilitent pas une guérison mentale positive.

L'acceptation est une chose, la négation est une autre. D'être «la victime» de la mort de votre animal épuise votre énergie personnelle et la vitalité de la vie. Cela peut aider pendant un certain temps, mais la réalité est que vous êtes en charge de votre propre chagrin et votre récupération.

Lorsque vous libérez votre esprit des limitations de deuil, alors seulement à ce moment votre animal domestique peut changer la direction de son énergie et peut choisir de revenir vers vous.

Tant que vous continuez à raconter les détails de la mort de votre animal, vous vivez dans le passé. Je connais des gens qui racontent encore la même histoire au sujet de «Fluffy» avec chaque petit détail embelli au maximum juste pour garder la conversation du drame animée du passé.

Pour ce type de personne au lieu de continuer de l'avant après le deuil «Oh non», ce tuteur pour animaux domestiques aurait besoin de se faire une autre vie et faire autre chose que de se concentrer sur lui-même et sa perte.

Ce type de personne va d'une personne à une autre, d'un groupe de soutien à un autre jusqu'à ce que ce groupe ne posent plus assez de questions ou n'offrent pas assez de commentaires apitoyants comme: «Pauvre vous»!

Je connais une femme qui, après des années de psychothérapie avec de nombreux groupes de soutien et dix années de plus de thérapies diverses et sur site web, chat room, forum, et tout ce qu'elle avait pu trouver, elle a commencé son propre groupe de soutien pour les animaux domestiques parce que personne ne voulait entendre ses histoires répétitives.

Voici une autre question. Avez-vous une des
tendances mentionnées ci-dessus? Aimez-vous
l'attention attirée par votre malheur? Si oui, alors
vous avez besoin de déterminer «pourquoi» vous avez
besoin de cette forme d'attention négative. Ce vide
intérieur va éroder votre âme et, éventuellement,
votre état de santé.

N'utilisez pas le fait que vous avez perdu votre animal
domestique pour vous identifier ou élever la
signification de votre vie en ligne ou sur chat room.

En créant votre identité en tant que victime qui
souffre de la mort d'un animal domestique, vous êtes
le seul (la seule) qui va perdre des amis, le respect et
la patience de ceux qui encouragent et soutiennent
votre guérison.

Analysez la dynamique de votre groupe de soutien
afin de déterminer si votre condition s'améliore ou si
vous continuez à rabâcher votre douleur au
maximum. Si vous ne choisissez pas d'avancer
positivement, vous resterez perpétuellement dans un
état de deuil sans espoir de guérison.

N'avez-vous jamais considéré de poser cette
question: Avez-vous déjà envisagé que votre animal
domestique ne doit pas vivre éternellement comme
un ange, habitant du Pont Arc-en-Ciel, en forme
d'esprit animal et à l'au-delà?

Peut-être que vos questions et votre esprit ouvert est
le début d'un **«bon deuil»!**

Je comprends une mort traumatisante. Mon fiancé a
été tué soudainement dans un accident de voiture. Je
n'ai jamais eu la chance de faire quoi que ce soit.

Vous pouvez raconter votre histoire au sujet de la
perte de votre animal domestique comme une
«occasion d'apprentissage» pour aider à éduquer et
soigner les autres plutôt que de l'utiliser pour soutenir
votre pitié. Bien que le deuil prenne du temps, les
attitudes édifiantes sont essentielles.

Il vaut mieux célébrer la vie de votre petite boule de poils et de vous rappeler les bons moments. **En célébrant la contribution positive des animaux domestiques dans votre vie, vous n'aurez jamais à enterrer les souvenirs qu'ils ont laissés avec vous.** Vous pouvez les sortir de votre mémoire et de votre cœur à tout moment, comme un cadeau spécial et de savourer toutes les pensées et les sentiments merveilleux.

Puis-je convaincre mon animal domestique de revenir?
Je connais une femme qui voulait que son animal domestique se réincarne immédiatement après la mort.

Son animal domestique a conformé à ses souhaits. Il est revenu en mauvaise santé et est resté maladif toute sa vie.

Les résultats de précipiter le processus de réincarnation dans «un moment précis» peut-être moins que souhaitable.

C'est égoïste de précipiter le processus.
Soyez patient pour que votre animal domestique puisse faire une rentrée la plus appropriée et saine.

Pour honorer votre animal domestique, **sachez que c'est le choix de son âme.** L'accord spirituel que vous avez fait ensemble a été contracté avant d'entrer dans cette vie. Pour demander une révision de votre accord préalable pourrait promouvoir un Karma malsain.

«The Dog with a «B» on his Bottom» (Le chien avec un «B» sur les fesses) au sujet de mon chien «Friend» a été écrit pour affirmer que vos prières seront répondues dans un moment favorable à l'Univers. Croyez! Espérez! et tenez à votre espoir!

Est-ce que quelque chose existe qui puisse aider mon animal à retourner «plus tôt que plus tard?»
Votre accord de «quand et comment» vous réunir a été fait avant d'arriver sur terre. Après avoir complété l'apprentissage nécessaire et à l'heure que tous les deux en avez fait l'accord, le contrat de la réincarnation sera accompli. Quelquefois, le seul variable «plus tôt ou plus tard» est le résultat des leçons apprises, l'agrandissement de votre âme ou vos négociations pour une date retardée selon votre choix libre.

A Soul's Energy NEVER changes!
It just changes into different physical FORMS.

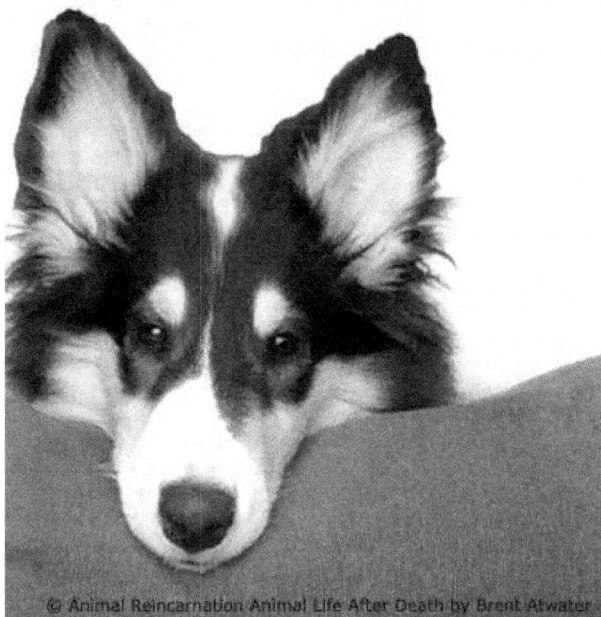

© Animal Reincarnation Animal Life After Death by Brent Atwater

La traduction: L'Energie de l'Ame ne change jamais!
Elle change seulement en formes physiques
différentes.

Comment aider votre animal domestique avec le processus de la réincarnation?

Cette prière est similaire à celle utilisée pour adoucir
la transition de votre animal domestique. Toutefois,
afin de créer un autre résultat, votre intention est
différente.

Je demande et c'est mon intention d'envoyer_____(le
nom de l'animal décédé) l'amour du fond de mon
cœur, la force de mon énergie à utiliser de ton plein
gré. Voilà! Ainsi soit-il! Merci.

L'amour dans votre cœur transcende tout ce qui

existe. Si votre animal choisit de se réincarner et vous avez fait un autre accord avec votre animal domestique pour cette réincarnation, en utilisant cette prière, vous enverrez une pousse d'énergie supplémentaire pour l'aider à s'apprêter pour la rentrée. Cela aussi aidera à adoucir la transition de son retour sur terre.

Le point clé est de dire ces mots exacts: **«à utiliser de ton plein gré.»** De cette manière, votre animal déterminera le moment propice pour son retour en parfaite santé, mais SEULEMENT si c'est le contrat que vous avez fait ensemble.

Aucune quantité de vouloir, d'espoir, de vœux, d'affirmations ou de prières ramènera votre animal, peu importe combien vous le pensez, SAUF si vous avez fait un autre contrat.

La prière à faire pour la confirmation des signes
Je demande et c'est mon intention de savoir si
_____(le nom) va retourner pour vivre avec moi dans cette vie.
S'il vous plaît, donnez- moi trois signes pendant les trois jours prochains pour que je puisse facilement comprendre, et qui me permettront de savoir dans mon cœur si mon animal domestique bien-aimé va revenir sur Terre. Merci.

La traduction: Qui choisit combien de fois un animal se réincarne?

Combien de fois un animal peut-il se réincarner?

L'âme de chaque animal a son chemin particulier comme vous. Parfois, votre animal domestique a accepté d'être avec vous une seule fois dans votre vie entière. Cette incarnation unique a un but; c'est le contrat du chemin qu'il a fait avec vous. Vous saurez dans votre cœur que votre animal est de retour. C'est un sentiment indéniablement fort et convaincant!

Vous pourrez également ressentir s'il n'est pas réincarné. La force humaine de votre âme à l'attachement des animaux, l'intuition et les arrangements et les accords antérieurs spirituels créent ce «savoir».

Pourquoi certains animaux reviennent et non pas d'autres?

Si un animal est sur terre pour apprendre ses propres leçons, généralement il ne subit qu'une seule incarnation.

Parfois, votre animal domestique va se réincarner plusieurs fois **avec vous** et va apprendre sa leçon tout en partageant son expérience avec vous.

Mon chien, *Friend,* avec le «B» sur les fesses a été volé de ma voiture verrouillée, s'est échappé pendant les pointes de trafic et a été écrasé. Il a subi des fractures multiples aux côtes, des hémorragies aux poumons, des intestins décalés et une horrible marque noire, bien détaillée, implantée dans sa belle collerette blanche par les empreintes de roulement. D'un point de vue médical, il aurait dû mourir. Il devait apprendre cette leçon et être plus prudent et sélectif avec ses câlins envers les étrangers et aussi de répandre le sujet de la réincarnation.

Qui choisit combien de fois un animal va se réincarner?

Avant de venir sur terre, vous déterminez tous les deux combien d'incarnations vous partagerez ensemble chaque vie. C'est simplement au sujet des leçons spirituelles que chacun d'entre vous veut apprendre sur «l'Ecole de la Terre.»
Le plus d'apprentissage et d'enseignement dont vous avez l'expérience de faire **ensemble**, le plus souvent votre animal va se réincarner pour évoluer avec vous.

Si vous pensez que votre animal domestique fait partie de la «fibre de votre être», vous avez très probablement partagé de nombreuses vies et réincarnations ensemble!

Et si mon animal domestique ne veut pas revenir?

Alors, vous n'avez pas fait de contrat pour sa réincarnation! Les seuls moyens avec lesquels votre accord peut être changé sont:
Votre animal domestique peut retarder son retour à un moment plus approprié parce que vous avez des problèmes difficiles.
Vous pouvez aussi DEMANDER à votre animal de retarder sa réincarnation.
De toute façon, si vous avez un contrat, il doit être rempli.

Pourquoi les jeunes animaux partent-ils?

Parfois, un bébé, un adolescent ou un jeune animal qui souffre une mort inexplicable ou des problèmes de santé soudains très sévères, choisit un point de sortie précoce pour s'éloigner de la terre.

Ces animaux choisissent de se débarrasser de leur corps malade tôt dans leur vie en échange pour un corps plus sain.

Ou ils pourraient simplement «retourner» pour faire une enquête sur votre vie sur terre. Plus tard, ils vont se réincarner sous forme plus saine et durable pour partager une plus longue vie.

«Trouvez Gunner» dans «Je Suis de Retour à la Maison» l'Amour d'un Chat pour Toujours, l'histoire d'un chaton qui continua à essayer de revenir à son maître réchauffera sûrement votre cœur!

Quel est le but de mon animal?
Le but d'un animal ou celui de son âme peut être une
question distincte de la réincarnation avec vous.

Si un animal se trouve sur son propre chemin
d'apprentissage et vous réagissez avec lui, le but est
l'évolution de toutes les personnes impliquées.

Si vous avez fait l'accord de vous réincarner
ensemble, c'est peut-être pour apprendre avec vous,
vivre avec vous au cours d'une phase spécifique, vous
enseigner des leçons, faire l'expérience d'une leçon
lui-même, vous sauver la vie, vous enseigner les
émotions ou comment aimer, vous offrir une occasion
pour vous apprendre à communiquer avec les
animaux, de faire du bénévolat dans les refuges,
écrire une loi au profit des autres, créer un groupe de
sauvetage, collecter des fonds pour la protection des
animaux domestiques, créer une ou une multitude de
causes pour le bien d'autrui. *Ne jamais ignorer* tout
sentiment nouveau au sujet de ce que vous «voudriez
peut-être faire» après sa vie. Cela pourrait être le but
de cette incarnation!

Les animaux reviennent-ils à moi parce que nos chemins devraient traverser?

Je crois «qu'il n'y a pas de coïncidences.» Chaque événement dans nos vies est une occasion d'apprentissage, n'importe ce que notre côté humain en pense. Certaines de mes plus grandes et sincères expériences ont été apprises en observant ou en réagissant avec des animaux dans la vie. Mon âme n'était pas «connectée» avec eux, j'étais simplement une étudiante.

Evaluez les expériences que vous avez faites avec les animaux. Demandez-vous ce que vous avez appris que ce soit bon, mauvais ou laid, et déterminez comment cela vous a bénéficié ou d'autres. Cela vous donnera la réponse au sujet de leur but dans votre vie!

Le but d'un animal est de rester avec son maître au courant de moments très stressés, moments d'incapacité, maladie, ou de mort.

Une histoire touchante était au sujet d'un chaton errant qui est «apparu soudainement». Il est venu s'asseoir sur les genoux de son maître qui était dans un fauteuil roulant pendant les derniers jours de sa maladie. Après la mort de son maître, dans les trois jours suivants, ce chat en pleine santé est mort dans son sommeil pour rejoindre son maître.

Parfois, les animaux se réincarnent pour refléter un état médical or pour atténuer les problèmes de son maître.

Très souvent, le sort médical d'un animal aide son maître à en savoir plus sur le traitement de sa propre maladie et aussi aide en diffusant toute énergie malsaine dans le corps ou l'environnement de leurs parents.

L'énergie des chats est beaucoup plus sensitive que celle des chiens. Il y en a beaucoup qui absorbent le stress ou la négativité de leur maître ce qui peut créer une maladie ou être fatal pour le chat

**Est-ce que les animaux peuvent-ils avoir
d'autres buts au sein d'une réincarnation?**
Oui! Un autre type d'accord d'âme ou d'accord
spirituel avec un être humain s'appelle «Karmique.»
Un contrat Karmique affecte le destin dans une
incarnation unique.

Un contrat Karmique au courant d'une vie particulière,
peut cependant être un segment d'une plus grande
largeur d'esprit.

Exemple: Un chien guide qui mène les survivants
pour les aider à sortir d'un bâtiment pendant la
catastrophe de 911. Un chat de thérapie, qui dans
une maison de repos, inspire un patient malade du
Alzheimer à parler pour la première fois depuis de
nombreuses années.

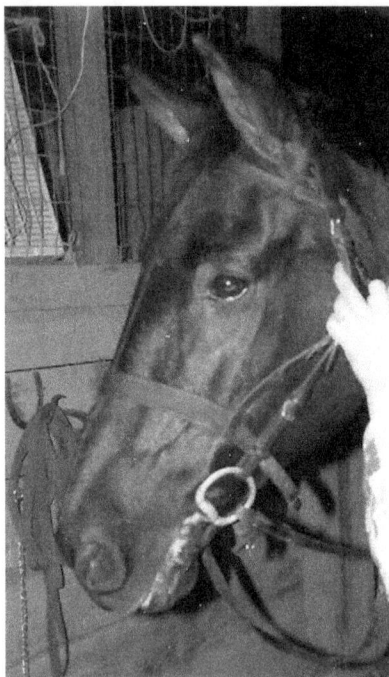

Même un vieux cheval peut changer des vies en participant à des programmes d'équitation pour les invalides ou les handicapés.

Mon Minuit de 31 ans, encore brossé et nourri de carottes par les enfants, aidait toujours avec ses manières douces. Ces expériences affectent à la fois le destin de l'homme aussi bien que le Karma de l'animal.

**Les animaux de «Dieu» sont une variété
très spéciale de vieilles âmes qui ont un
but important au sein d'une réincarnation
spécifique.**

© Diane Lewis Photography

Ce sont des animaux «psychiques» qui savent qu'ils
viennent généralement sur terre pour un objectif
spécifique, une leçon, une cause ou un évènement.
Ils guident les âmes à travers les moments
émotionnels, difficiles et les expériences traumatiques
qui changent la vie.

L'expression «un animal de Dieu» et sa définition m'ont été données par mes Guides au cours de beaucoup de séances intuitive pour la communication animale. Les Guides m'ont expliqué que les «Animaux de Dieu» sont comme les «Avant-Gardes de l'Univers» qui viennent pour enseigner, influencer et façonner au plus haut niveau de la vie.

L'énergie d'un animal de Dieu est plus forte que l'aura d'un animal domestique. On peut ressentir leur présence dans une salle. D'autres s'approcheront simplement en disant: «Il y a quelque chose de spécial» avec ce chien, ce chat ou ce cheval ou... Quand vous êtes en présence d'une photo ou d'une vidéo d'une vieille âme, vous pouvez le ressentir.

Les animaux de Dieu sont des éclaireurs!
Les animaux de Dieu peuvent être un catalyseur émotionnel et éducatif pour le reste de votre vie. Parfois, un vide dans l'énergie de votre cœur peut être rempli avec un animal domestique qui complète votre être intérieur avec son temps avec vous.

D'autres enseignent à leurs gardiens une leçon karmique dont ils ont besoin d'apprendre. Un exemple: Un petit chien a traversé la rue et il a été tué. Son gardien a appris de NE JAMAIS laisser un animal domestique près d'une rue. Après cette expérience, l'animal a choisi de retourner pour partager des moments heureux avec son gardien.

Quelques animaux ont une tâche héroïque à compléter comme le chien flaireur qui a été tué lors du sauvetage d'un peloton de militaires, ou un chien qui a retiré un enfant d'une piscine et l'a sauvé d'une noyade certaine ou un chat qui a sauvé sa famille d'un incendie.

Si le gardien, les individus ou l'humanité ne «comprennent» pas la leçon ou le but de leur être, alors cet animal se réincarnera à nouveau pour endurer le même scénario jusqu'à ce que le destinataire comprenne la leçon et modifie son comportement.

Les animaux de Dieu ont aussi une conscience sociale
pour le plus grand bien du royaume des animaux et
de toutes les espèces, ou ont une leçon cathartique
pour enseigner à l'humanité. Les animaux négligés
ou abusés que vous trouvez dans des refuges qui sont
euthanasiés ou les animaux qui sont victimes de
l'élevage en masse et gardent les animaux qui vivent
dans des conditions horribles et odieuses, les chiens
victimes du combat et tout animal qui est
«victime» d'une condition odieuse, évènement ou
activité, tous, sont probablement des animaux de
Dieu qui se sont portés volontaires pour changer les
conditions.

Les chevaux du Central Park qui ont souffert du climat chaud de la ville et qui ont été surchauffés pendant l'été, ont contribué à changer les conditions des autres équidés. De nouvelles lois ont été adoptées pour protéger les chevaux et corriger ces conditions.

Les dauphins qui ont été capturés dans des filets et les baleines qui ont échoué sur les plages ont ouvert la voie à la réforme et aux solutions qui ont amélioré la vie de tous les animaux qui ont suivi.

Les cas d'extinction d'animaux, d'abus et de cruauté, les éléphants chassés pour leur ivoire, ou simplement pensez à quelque chose horrible, et c'est probablement les animaux de Dieu qui font leur travail! Que Dieu les bénissent!

Les animaux de Dieu assistent aussi à partir d'un plan universel après avoir traversé de l'autre côté aidant en canalisant l'information pertinente à leurs êtres humains. Certains aident les animaux de l'autre côté au Paradis des animaux. D'autres contribuent à instruire ou à influencer le but de leur personne sur terre. Un exemple: Après la mort d'un animal, son gardien est amené à favoriser et à trouver des maisons pour des animaux mal-aimés.

Les animaux de Dieu et la Réincarnation

Les personnes qui ont une expérience avec un animal de Dieu, comprennent cette connexion très spéciale à un niveau qui est encore au-dessus et au-delà de l'âme d'un animal connecté. Ils sont même souvent désappointés d'apprendre que leur animal ne va pas revenir pendant leur **vie actuelle** parce que leur travail est terminé. De revenir à nouveau dans la vie actuelle nuirait à la connexion totale de la leçon que Dieu est venu enseigner.

Cependant, parce que votre animal domestique ne revient pas ne veut pas dire qu'il ne vous accompagnera pas dans une **autre** vie. Au point de sagesse retrouvée*** parfois votre animal de Dieu peut choisir, à sa discrétion, de revenir pour des moments plus heureux. D'autres, peuvent avoir «signé» pour une incarnation retardée et des occasions d'apprentissage.

Mon animal domestique ne va pas revenir pendant ma vie actuelle, alors que puis-je faire?
Beaucoup d'années de communication avec les animaux ont produit le même résultat.
Généralement, les animaux de Dieu envoient un autre animal pour être avec leur gardien. Pourquoi? Les animaux de Dieu transfèrent leur esprit à d'autres animaux domestiques pour continuer et garder une présence vigilante sur leur «personne.»

Parfois un animal de Dieu ne reviendra pas à leur maître d'origine mais à une autre personne à un moment précis.
Au cours de la nuit Caleb se tenait à côté du lit de Diana en la regardant télépathiquement et l'a réveillée. La maison était en feu! Il a sauvé sa famille.

Au courant de nos séances, Caleb n'allait pas retourner à Diana. La mission de son âme était d'être avec la famille de Diana. Caleb m'a montré qu'il allait retourner pour être avec sa fille quand elle aura 14 ans et pour être avec sa petite fille aux cheveux blonds et aux yeux bleus quand elle aura 6 à 8 ans. La mission de Caleb, en tant qu'animal de Dieu, est non pas pour elle, mais pour sa famille.

Est-ce que les Animaux de Dieu et les autres animaux domestiques ont une conscience spirituelle?

A mon avis, le fait même que les animaux se réincarnent indique une prise de conscience spirituelle du contrat de leur âme avec leur gardien humain. Les animaux survivent selon leurs instincts vifs et leurs sens très évolués et de l'intuition qui créent leur niveau de conscience. Ils fonctionnent tout à fait dans la conscience du moment. Les animaux agissent selon toute leur conscience et comprennent tout l'ensemble au-delà de la réalité connue.

Beaucoup de Maîtres et leurs animaux domestiques sont conscients chacun de leur esprit et communiquent avec la télépathie, ce qui est considéré comme un «échange spirituel.» Certains peuvent ressentir l'énergie invisible comme les chiens flaireurs qui détectent le cancer et ceux qui prédisent une crise d'épilepsie. Et qu'en est-il du chat qui peut ressentir l'énergie de la mort et prédire une mort prochaine? Combien de fois avez-vous regardé et pris confiance à la réaction de votre animal domestique à un nouvel ami ou à une situation?

D'être conscient et de vivre dans «Tout ce qui existe» est une force composante et majeure de la conscience spirituelle et les animaux en sont les maîtres!

Les Anges Gardiens peuvent apparaître sous forme animale

Un ange gardien qui a choisi la forme d'un Beagle pour surveiller sa personne est une des séances la plus intéressante que j'ai faite durant mes vingt ans de consultations.

Quand j'ai essayé de voir l'énergie de Blanche, je n'ai pas pu la trouver! Cela ne m'est JAMAIS arrivé! Après plusieurs essais, j'ai dit au propriétaire que nous pourrions recommencer pour voir si elle apparaîtrait un autre jour et sinon, je rembourserais son argent.

Un petit moment après avoir dit cela, j'ai regardé la photo de nouveau, et «l'énergie d'un être» a commencé à communiquer avec moi mais toujours pas d'énergie à regarder.

Alors j'ai demandé «montre-moi ton énergie» et un Ange est apparu. Pas étonnant! Je cherchais l'énergie d'un chien. Inutile de dire que l'histoire de l'Ange était aussi fascinante que «Pourquoi» elle avait choisi ce corps d'un chien Beagle pour surveiller cette personne et toute autre information qu'elle avait donnée à mon client! Bien que rare, les Anges de Dieu peuvent «prendre la forme» d'un animal pour leur mission terrestre!

Visitez YouTube sur la séance de Blanche

La Réincarnation peut se produire de trois façons

Il y a trois processus qu'un animal peut utiliser pour la réincarnation.

©Wayne Clarke

La traduction: L'amour comme le temps n'a pas de limites vu à travers les yeux de nos chiens.Darby Je suis de retour à la maison

1. Le contrat de la fusion de deux âmes (The «walk-in» contract).

Cela se passe quand l'énergie d'un animal décédé S'INSTALLE DANS LE CORPS D'UN AUTRE animal domestique qui est DÉJÀ sur terre dont l'âme a FAIT L'ACCORD DE DÉMÉNAGER quand l'énergie de l'animal décédé revient sur terre.

Est-ce possible qu'un nouveau chiot ou un animal adulte qui est né AVANT la mort de mon animal domestique puisse être mon animal réincarné?

OUI! A certains moments, le nouveau corps de votre animal domestique arrivera sur terre avant que le vieux corps traverse à l'au-delà.

Une «fusion de deux âmes» «walk-in» est un accord d'âme pré-arrangé (fait au Paradis) entre l'esprit d'origine de votre animal et «l'âme de livraison.»

Lorsque l'âme de votre animal quitte son vieux corps, il rentre «**il transporte son énergie, sa force de vie**» dans le «nouveau corps» qui a été créé et livré avant son retour. L'animal de livraison ayant terminé ce qu'il voulait accomplir sur terre, est prêt à retourner de l'autre côté des voiles. Donc, nous avons un corps parfaitement bien prêt à être occupé par l'animal qui est mort.

Quand votre animal entre dans son nouveau véhicule, «l'âme de livraison» (comme une entreprise d'automobiles dont le chauffeur livre une voiture neuve,) il retourne au Paradis (l'entreprise,) après avoir complété sa «livraison» d'avoir apporté un nouveau corps sur terre.

Parfois, le corps de livraison peut arriver des années ou des jours à l'avance. C'est la façon dont un animal plus âgé ou un nouveau-né chiot peut devenir votre «nouveau» réincarné.

La transition du processus du «walk-in» peut se produire immédiatement avec un nouveau-né du jour au lendemain ou au cours de quelques mois. Cela est déterminé selon l'accord spirituel des animaux.

D'habitude, le contrat du «walk-in» (la fusion de deux âmes) prend plusieurs semaines pour compléter. C'est comme la remise à neuf d'une voiture. L'électromagnétisme de la force de vie de l'animal décédé doit être recalé dans le nouveau corps et doit être enlevé de l'animal de livraison de façon à ce qu'il puisse retourner au Paradis.

Ce type d'échange se produit souvent au cours d'une maladie ou d'autres délais, ce qui est nécessaire pour que le corps de l'animal puisse beaucoup se reposer et dormir ce qui permit à l'Univers d'accomplir le reliage. Au cours de chaque jour qui passe, vous pourrez reconnaître les caractéristiques de votre vieil animal apparaissant de plus en plus jusqu'à ce que le processus soit terminé. C'est une situation gagnante pour les deux âmes.

Le meilleur exemple du processus d'un «walk-in» (d'une fusion de deux âmes) est celui de Riina qui est maintenant Darby et Austin qui est la même histoire dans *I'm Home!» a Dog's Never Ending Love Story «Je Suis de Retour à la Maison!»* L'Histoire de L'Amour d'un Chien pour toujours.

(The walk-in), la fusion de deux âmes chez les humains ont beaucoup de sites Internet qui peuvent en outre définir et expliquer ce processus.

A quoi l'énergie d'un animal «walk-in» ressemble-t-elle?

Pour commencer, vous regardez la force de vie traverser la ligne de mort qui se réassemble dans une forme plus animée. A ce point, une réincarnation normale réassemblerait son énergie et retarderait le processus. Cependant, l'énergie d'une fusion de deux âmes «a walk-in» fait demi-tour. L'énergie retourne à travers la ligne de mort et à travers l'énergie de la vie précédente et non pas dans l'énergie à venir

Pourquoi? Parce que le corps de l'hôte est de nouveau dans l'environnement d'avant le mort de l'animal d'origine.

C'est très intéressant à regarder! Alors je décris le corps que l'âme de l'animal a habité de façon à ce que vous puissiez savoir «où votre animal est allé».

Tic-Toc (à droite) est mort le 12 Novembre. La livraison du corps est arrivée beaucoup d'années avant que leur contrat de «walk-in» soit survenu. Andy (à gauche) a été adopté le 17 Novembre. A ce point, leur mère savait bien qu'il se passait quelque chose de «familier», et cependant ne réalisait pas qu'Andy était la fusion de deux âmes, « le Walk-in» de Tic Toc. (Andy était vraiment Tic Toc). Comme vous pouvez juger par les yeux, c'est une âme très intense.

«Tic Toc» d'origine

«Ändy» le nouveau corps de Tic Toc

2.«Soul Braiding» (deux âmes entre-mêlées) est un autre processus de réincarnation.

«Soul Braiding» se produit quand l'animal décédé revient en tant que colocataire dans le corps d'un animal domestique vivant.

Voulez-vous dire que les âmes de deux animaux peuvent occuper un seul corps?

Oui! Deux âmes entre-mêlées (Soul Braiding**)** se produit quand l'énergie d'un animal domestique décédé s'installe dans le corps d'un autre animal domestique vivant et les deux se mélangent. Alors, l'animal actuel agit comme l'autre et possède des caractéristiques des deux animaux. Pensez-y de cette façon! Les deux âmes en tant que colocataires qui habitent dans un seul corps!

En raison du processus d'intégration, « deux âmes entre-mêlées» prend plus de temps à cause de la réorganisation des deux énergies de la force de vie dans un seul corps avec une seule personnalité! C'est comme si on prenait deux voitures et on les reliait en une seule!

Souvent, l'animal fera semblant d'avoir une maladie pour une période de temps. C'est alors que le processus du tissage de l'électro-magnétisme des fréquences des deux âmes se produit.

Lorsque l'animal domestique «est guéri,» il affichera les mêmes caractéristiques des deux animaux. Melle Sis (à droite,) a transporté son âme dans l'âme de Melle Angel (à gauche) pour rester avec sa bien-aimée Victoria Ford pour plus longtemps.

Avec les scénarios du «walk-in» et de «la fusion de deux âmes» , votre cœur comprendra et percevra quel processus se déroule pendant que votre animal domestique continue à émerger. Quel que soit le processus, vous avez votre animal domestique de nouveau.

3. La plus simple et la plus répandue des réincarnations est le contrat d'un nouveau corps.

Cela se produit quand l'énergie de votre animal domestique décédé revient dans une nouvelle forme physique. Pensez que c'est comme si on mettait une nouvelle tenue, même énergie mais une tenue différente.

Combien de temps est-il nécessaire pour le processus de la réincarnation?

Parfois votre animal domestique peut tenter plusieurs entrées différentes AVANT d'obtenir exactement le corps qui lui va et les circonstances nécessaires pour revenir vers vous à la maison. L'histoire d'Ollie est l'exemple parfait ☺

Le retour de votre animal peut être aussi court que quelques heures ou avoir lieu plusieurs années plus tard. Soyez patient avec ce calendrier de rentrée dont il a besoin pour acquérir ce nouveau corps ou avec le processus qui a été choisi pour retourner vers vous. Parfois l'animal domestique de votre enfance ne reviendra que quand vous serez un adulte. Le contrat que vous avez fait avec vos deux âmes déterminera le comment, quoi, oú et quand.

Mon animal peut-il se réincarner sous une autre forme?

Un animal domestique choisira la forme animale la plus appropriée pour vous accompagner pendant une phase particulière de votre vie que vous partagerez ensemble.

Votre animal domestique peut se réincarner comme mâle ou femelle ou comme une race différente de la même ou d'une autre espèce.

Ce lapin aux oreilles tombantes ou l'écureuil que vous aviez quand vous étiez enfant peut choisir de retourner sous forme d'une «chatte tigrée», votre furet préféré, et puis un grand Danois et plus tard en tant que votre cheval quand vous êtes un adulte ou une perruche quand vous serez dans un centre hospitalier ou un hospice.
Soyez ouvert d'esprit. Ne vous attendez pas à voir la même image physique ou le même sexe. Votre animal déterminera la meilleure façon d'être là avec vous.

Comment les animaux domestiques savent-ils quels corps ils peuvent choisir?

La plupart des animaux se réincarneront généralement au sein des mêmes espèces et avec les animaux que vous préférez. Après tout, ils vous connaissent bien! Comme indiqué précédemment, les animaux choisiront la forme la plus appropriée pour le moment précis, et les facteurs de l'environnement entourant votre vie quand ils reviendront à vous.

Est-ce qu'un animal domestique peut retarder le moment de son retour?

Oui! Si votre animal voit de l'énergie négative et de la dissension dans votre environnement, des obstacles que vous avez besoin de traverser ou des leçons Karmiques que vous devez compléter avant son retour, il attendra. Si vous êtes en train de traverser des événements émotionnels dans votre vie ou celle de votre famille, qui ne sont pas compris dans votre contrat, il attendra.

Si une lecture intuitive prédit un calendrier précis, il PEUT y avoir des événements multiples et inappropriés, des émotions et des problèmes de santé qui pourraient causer votre animal à hésiter jusqu'à ce que toutes les situations soient disparues.
Donc, si votre animal domestique s'attarde trop à revenir, vous devez analyser votre vie, votre style de vie et vos alentours pour voir ce que vous devez faire pour résoudre le problème!

D'autre part, si un animal domestique détermine que toutes les circonstances universelles et les conditions sont favorables, il pourrait choisir de revenir plus tôt.

Ma vie est compliquée en ce moment. Puis-je renégocier notre contrat?
Comme mentionné précédemment, si vous ne voulez pas soumettre votre animal domestique à des difficultés personnelles, donc vous **pouvez** négocier un accord d'âme. Les contrats d'âme sont généralement faits «de l'autre côté» avant la naissance. En raison du «Choix libre de volonté», ils sont flexibles ce qui crée un élément rescindable pour vos négociations initiales.

C'est possible que même vos meilleures intentions ne soient pas faisables quand vous êtes arrivé face à face avec la réalité, alors vous pouvez vous retirer.
A un certain moment dans l'éternité, dans certaines incarnations, c'est beaucoup mieux d'honorer le contrat de façon à ce que vous puissiez continuer le chemin de connaissance que vous avez choisi d'accomplir ensemble.

Si les contrats de réincarnation d'un animal domestique sont complétés, est-ce qu'il peut encore revenir?
Un animal domestique qui est une vieille âme est revenu sur terre beaucoup de fois. S'il a complété son évolution spirituelle et ses accords avec vous, alors la vieille âme n'est pas obligée de retourner dans d'autres incarnations.

Une vieille âme peut choisir de se réincarner simplement pour le plaisir s'il veut continuer à vous accompagner

Plus souvent qu'autrement, une vieille âme animale vous conduira et sera the «over soul», le gardien d'un nouvel animal plutôt que de revenir.

Est-ce possible pour un animal d'attendre jusqu'à ce que vous choisissiez un corps pour lui et alors prendre possession de ce corps?
Non! Il a des gens qui disent d'aller choisir un corps et puis l'âme y rentrera naturellement! Pas du tout! C'est une façon de duper les clients parce que «le clairvoyant» n'a pas l'information nécessaire pour déterminer et voir ce qui se passe dans l'avenir de votre animal. C'est un moyen facile pour eux.

La réincarnation est un contrat avec l'âme et l'énergie. Vous avez déjà décidé avec votre animal exactement comment cela aura lieu avant votre arrivée sur terre. Vous ne choisissez pas son corps. Selon les lois de la physique, vous ne pouvez pas choisir avec quoi sa fréquence de vibration est harmonisée même si vous pouvez ressentir son énergie. L'animal doit choisir l'énergie et la résonance avec lesquelles il va habiter et résonner.

Son choix est fait AVANT d'arriver dans ce corps
particulier. Si l'animal est «un walk-in», son choix
aurait été fait avant sa transition.

Beaucoup de gens sont dupés en pensant que leur
animal est réincarné parce qu'ils ont choisi un petit
chiot dans une portée qui est née ou qui est sur le
point de naître et comme par magie aura l'âme de
l'animal domestique décédé parce qu'ils le désirent!
Oh! Quelle FAUSSE information! Et les gens qui
perpétuent cette motion «de choisir un corps,» ne
peuvent pas **voir** l'énergie.

Comme vous ne pouvez pas vérifier ce qu'une
personne peut voir avec la télépathie pour vous le
dire, il y a des gens qui croient qu'ils ont un animal
réincarné mais qui n'est pas DU TOUT pareil au
modèle de l'énergie de l'âme originale.

Do you think that "OTHER" cat has a reincarnation contract with Mom? Hope it's not in this lifetime!

© Animal Reincarnation Animal Life After Death Book by Brent Atwater

La traduction: Crois-tu qu'un «autre» chat a un
contrat de réincarnation avec Maman?
J'espère que ce n'est pas dans cette vie!

Aussi, méfiez-vous de l'AC (une personne qui communique avec les animaux) qui vous dit «Il est au Pont-Arc-en-Ciel et il n'a pas encore décidé.» Ou «je peux vous le dire au cours d'une autre séance.» Ces mots veulent dire qu'il n'a pas pu avoir accès à l'information que vous voulez savoir.

Si un animal domestique a un contrat d'âme avec vous, cet accord a été fait AVANT votre arrivée sur terre. Donc, cette information EST disponible **à n'importe quel moment** pour quelqu'un qui peut se connecter avec la bonne fréquence d'énergie.

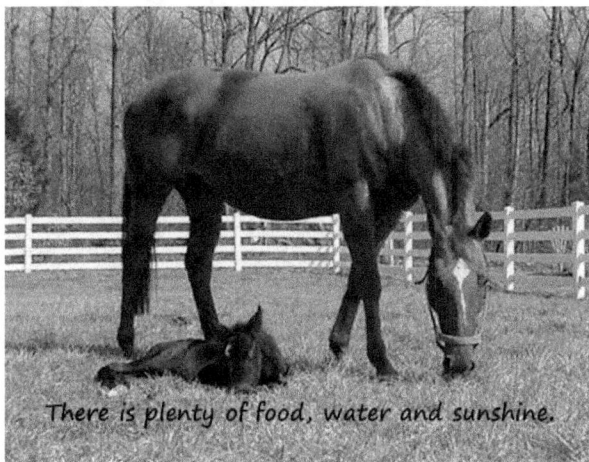

There is plenty of food, water and sunshine.

La traduction: Il y a beaucoup de nourriture, d'eau et de soleil

Beaucoup de monde consulte en moyenne trois ou cinq communicateurs d'animaux. Ce n'est pas nécessaire d'avoir plus d'une séance au sujet de la réincarnation avec un AC. Pourquoi? Parce que toute information que vous voulez savoir se trouve dans l'énergie de votre animal soit vivante, morte ou réincarnée. Et vous devriez pouvoir obtenir toutes ces réponses SI votre communicateur pouvait discuter la réincarnation de votre animal. C'est correct! Vous pouvez lire un animal vivant et voir et savoir s'il va se réincarner ou non!

En outre, soit qu'il soit vivant ou mort, vous pouvez savoir quand, où et à qui il va ressembler dans les vies à venir. Simplement, regardez son énergie et ce que vous voyez est ce que vous dites au client. Comme ça se dit, «une image vaut mieux que des mots.»

Quand est-ce que l'Esprit/l'Ame d'un animal domestique entre-t-il dans le corps qu'il a choisi pour sa réincarnation?

C'est la décision d'un animal domestique de déterminer quand il veut habiter un nouveau corps selon votre contrat. Il peut entrer dans un fœtus, ou à n'importe quel moment, il peut changer d'idée ainsi créant un mort-né. Ou il peut entrer dans le corps (un walk-in) immédiatement après la mort. Le choix de votre animal domestique et l'heure propice sont toujours parfaits!

Look at my face-
Of course
I'm Coming back from Rainbow Bridge!

La traduction:Regarde-moi!
Bien sûr, je vais revenir du Pont Arc-en-Ciel!

Les accords d'«Over Soul» (deux âmes mélangées) PEUVENT RESSEMBLER à une réincarnation, mais ce n'est pas le cas!

Beaucoup de parents d'animaux décédés sont tellement bouleversés par la mort de leur chien, chat, cheval, ou compagnon bien aimé à plumes ou à écailles qu'ils croient que leur animal vivant est devenu l'animal défunt.
Pourquoi? Parce que l'animal se comporte comme l'animal d'origine.

Un animal domestique qui est «over soul» (âmes mélangées) vous fait penser «qu'il agit comme votre vieil animal» en affichant certaines caractéristiques reconnaissables. Toutefois, un animal «over souled» **n'enflamme pas cette sureté profonde et certaine qui vous fait savoir** «C'est mon animal domestique réincarné ou mon ancienne petite amie d'une façon continuelle.» Avec un animal (Over-Souled), vous allez vous demander des questions et vous aurez quelque doutes. Cela est une réponse très révélatrice pour votre cœur.

«Over souling» (deux âmes mélangées) se produit quand un animal vivant accepte de prendre la direction d'un animal décédé ou d'un être humain. «Over Souling» est un processus intermittent et non pas un arrangement permanent.

L'énergie de l'animal ou de l'être humain décédé n'entre pas dans l'animal vivant. Si l'énergie fusionnait avec l'animal vivant, ce serait permanent et le processus serait un «walk-In» (fusion de deux âmes) ou un «Soul-Braid» (âmes mélangées). La fusion avec l'énergie d'un animal vivant rendrait l'animal très malade
Pourquoi? Parce que chaque visite ou fusion dans le corps de l'animal vivant perturberait ou modifierait l'électromagnétisme de l'énergie de la force de vie de l'animal de la terre.

Le fait d'accueillir les allées et venues rendrait
l'animal très malade et susceptible d'avoir des
convulsions. Par conséquent, «Over Souling» (fusion
de deux âmes) se fait par des directives et non pas
par des mini-fusions.

Le processus d'un «Over Souling» est aussi un moyen
pour votre animal d'observer votre vie quotidienne et
de rester en contact avec vous et aussi de vous faire
savoir qu'il est là dans l'Esprit et que tout va bien et
aussi de s'assurer que tout se déroule de façon

conforme à leurs perspectives célestes.
Parce que vous désirez tellement le retour de votre
animal, vos désirs créent des difficultés et de la
confusion pour déterminer si c'est une réincarnation
directe ou un processus d'«Over Soul»(mélange de
deux âmes).

De toute façon, peu importe combien de fois il se
produit, le parent va bientôt déterminer ce qui se
passe et va savoir que ce n'est pas «un
retour» permanent.

Un animal domestique peut-il se réincarner comme un être humain ou vice versa?
Tout être vivant, que ce soit humain, animal, pierre,
arbre ou eau, tous possède un modèle d'énergie
spécifique ou une fréquence de vibration
électromagnétique qui soutient la forme physique qu'il
habite. L'énergie peut facilement se reformer à un
niveau similaire ou inférieur.

Quelle est la différence entre l'énergie d'un être
humain et celle d'un animal? La fréquence d'énergie
d'un être humain sain possède une gamme de 68-72
MHz FYI ; chaque organe de votre corps a une
identité vibratoire spécifique. La médecine vibratoire
utilise ces informations pour répondre aux, rectifier et
reconfigurer les modèles d'énergie malsains dans une
personne en vue de résoudre des problèmes de santé.

Les fréquences d'énergie animale vibrent à un niveau
MHz inférieur à celle de l'énergie d'un humain. Cela
ne les rend pas moins qu'un humain. Ils ont
simplement un modèle de fréquence inférieure pour
maintenir leur état biologique.

Est-ce qu'un animal peur se réincarner sous forme humaine?
Après plus de vingt ans de recherche et d'expérience,
les animaux généralement ne se réincarnent pas sous
forme humaine parce que le corps biologique d'un
animal a une gamme de fréquence électromagnétique
inférieure à celle d'un être humain.

L'énergie ne peut pas normalement reformuler dans une fréquence plus élevée que celle de l'Esprit d'origine. Cependant, selon la croyance de la transmigration du Yogi de la réincarnation, les âmes évoluent 8.4 millions de fois à partir du commencement jusqu'à la fin. Ce processus commence par la vie d'une cellule unique qui continue jusqu'à ce que cette cellule atteigne la plus haute évolution possible qui est considérée comme forme humaine. Ce système de transmigration Yogi est aussi d'avis qu'en temps voulu, un animal éventuellement évoluera sous forme humaine.
Selon cette théorie de la transmigration, la croyance du Yogi implique que les âmes de quelques animaux ont sauté plusieurs vies prématurément pour devenir un être humain avant d'avoir terminé le processus de l'évolution progressive.

Cela veut dire que l'Esprit animal est rentré dans un corps biologique avec une fréquence d'énergie plus élevée avant que leurs âmes aient eu le temps d'apprendre les leçons spirituelles nécessaires requises pour évoluer sous forme humaine à ce niveau d'existence. Les Yogis considèrent que ces âmes réincarnées sous évoluées affichent des qualités animales quand ils sont sous forme humaine.

Comme vous lisez, gardez à l'esprit de toujours suivre votre guidance intérieure et de ce qui résonne avec **vous.**

Le corps physique que chaque âme choisit d'habiter doit posséder la même gamme de fréquence que l'âme peut soutenir pour la durée de cette vie spécifique. Exemple: Une fleur ne peut pas vivre sous forme humaine parce que la fréquence normale de son âme ne correspond pas à la forme finale dans laquelle elle veut exister.

Est-ce que les humains reviennent sous forme animale?

La plupart des animaux dont vous pensez être des humains que vous avez connus, est simplement le processus de l'esprit humain (Over-souling - qui se mélange) avec l'esprit de votre animal. Bien que rare, il peut toujours y avoir des exceptions à toute règle.

(Over souling), le mélange de deux âmes, permet d'économiser beaucoup de réorganisation électromagnétique afin d'habiter le corps de cet animal. Cela se produit quand un animal vivant s'engage à prendre des directions d'un animal ou d'une personne décédée.

Bien que sur les accords de l'âme peut sembler une réincarnation, il n'est pas! Un animal de compagnie est «plus magnanime" qui vous fait penser "il agit comme mon vieux animaux ou ex-mari" en affichant certaines caractéristiques reconnaissables. Cependant, une "âme sur" animal ne s'enflamme pas que profonde et certaine de savoir que «c'est mon animal de compagnie réincarné ou ancienne petite amie."

Gardez cela à l'esprit: Pourquoi un être humain voudrait-il relier son plan énergétique afin de s'intégrer dans un corps de résonance inférieure avec une durée de vie plus courte? La seule chose que cette personne a à faire est de créer un contrat avec son animal pour diriger et influencer toutes les activités animales consentantes. De cette façon, votre animal ou personne préféré, pendant qu'il profite du Paradis, est toujours connecté avec vous au cours de vos activités journalières. Le processus du (Over soul), le mélange de deux âmes, est beaucoup plus facile que la réorganisation électromagnétique. En plus, le résultat est le même.

Rappelez-vous; aucune âme, que ce soit un organisme cellulaire, sous forme animale ou humaine, est plus inférieure ou supérieure à l'autre. Tous leurs modèles d'énergie vibratoire font partie du processus évolutionnaire Universel.

Les animaux peuvent sembler se comporter comme des êtres humains.

Mes recherches impliquent que les personnes âgées décédées généralement (over-soul), expériencent «le mélange de deux âmes » avec leurs animaux. Exemple: Un ami avait un chien qui imitait une grande partie des caractéristiques de son mari décédé. Comme un «over soul,» (une âme au Paradis qui donne des conseils à un être humain sur Terre), l'esprit de son mari a enseigné au chien tous les goûts de sa femme et ses aversions. En particulier, elle aimait être embrassée bonsoir et haïssait partager la salle de bain.

Could you please be a little smaller
in our next
Lifetime together?

La traduction: Si possible, pourrais-tu être plus petit
dans notre prochaine vie ensemble!

La Vie après la Mort et
«Je Suis de Retour à la Maison!»

Tout d'abord, tous les conseillers pro-fessionnels doués dans tous les groupes de soutien pour les animaux, devraient vous conseiller de n'utiliser uniquement que les informations qui résonnent avec **votre esprit** AVANT de commencer votre consultation.

Rappelez-vous que vous et vous seul êtes le lien direct à l'énergie de votre animal! Votre âme est consciente et ne raisonne qu'avec ce qui est tout à fait vrai! Cependant, les émotions peuvent affecter comment vous recevez et interprétez cette information. Quelquefois, quand on veut une réincarnation à tout prix ou même en répétant des affirmations, ne le rendra PAS possible et ne serait peut-être pas le mieux ou la meilleure chose pour vous ou votre animal.

Brent Atwater"
Just Plain Love Books ™ présente

Moyens de communiquer avec votre animal domestique décédé:
Méditez et demandez dans votre cœur. Utilisez et travaillez avec un communicateur intuitif (AMIDI), un clairvoyant, ou un psychique.
Discutez avec un conseiller dans un bon groupe de soutien pour l'espoir des animaux™.
Ecoutez votre intuition et votre savoir.
Utilisez des méthodes qui «résonnent tout à fait» avec vous dans n'importe quelle combinaison.
Apprenez à communiquer directement avec votre animal domestique.

Qu'est-ce qui peut affecter la communication avec mon animal domestique?
Les circonstances et les conditions entourant la mort de votre animal peuvent affecter l'énergie d'un animal. Certains animaux très malades émettent un «signal» très faible et ont besoin de beaucoup de temps pour restaurer leur base d'énergie avant qu'ils ne soient en mesure de transmettre des informations viables à travers les voiles.

Les animaux impliqués dans le traumatisme d'une mort subite peuvent prendre beaucoup de temps pour transmettre parce qu'ils sont sous le choc d'être de l'autre côté même s'ils ont choisi cette manière de transition. D'autres peuvent transmettre haut et fort la minute quand ils quittent leur vieux corps.

Quelles autres choses peuvent affecter la communication?
Le communicateur/psychique pourrait avoir une faible connexion avec votre animal domestique. Peut-être a-t-il négligé de demander la permission de parler avec l'animal et ne reçoit pas la coopération à 100%. Il peut être mal d'accord avec la gamme de fréquence et ne peut pas accéder l'énergie de votre animal correctement ou il a mal interprété les sentiments psychiques dont il tire son information.

Les animaux peuvent fournir des informations mensongères comme tous les humains. Les animaux non-coopératifs pourraient ne pas vouloir «parler ou partager». J'ai eu affaire à un chat qui a pris deux semaines pour obtenir sa permission pour parler avec moi. Comme sa santé déclina, il est devenu plus agréable.

Votre croyance limitée aussi bien que celle de votre communicateur affecteront la séance. Les filtres, qu'ils soient personnels, émotionnels ou mentaux, auront une incidence sur la lecture ou séance. Les espoirs placés sur une séance intuitive peuvent largement déformer l'échange d'information et la réception de cette connaissance.

Soyez prudents avec les «séances gratuites» même que vous soyez très désespéré de communiquer avec votre animal. Si un animal psychique vous dit qu'il est en train de pratiquer et vous le dit, alors vous pouvez comprendre que le tout n'est peut-être pas correct.

Beaucoup de gens sautent sur le «train de la réincarnation» pour avoir un but pour aider ceux qui souffrent de la perte d'un animal. Beaucoup de cœurs sont brisés, quand des individus non doués, se présentent comme capables de vous communiquer l'information que vous voulez savoir ou identifient votre animal comme réincarné, mais malheureusement ce n'en est pas le cas! C'est possible qu'ils puissent avoir quelques faits corrects, mais ils ne sont pas corrects en identifiant un réincarné.

Quelles sont les différences entre les groupes de soutien pour les animaux? Les AC's et les ARC/ AMIDIs?
Les AC's utilisent la télépathie comme communication avec des moyens autres que les cinq sens normaux), et ils communiquent à travers la télépathie. Les AMIDIs peuvent voir l'énergie à travers le corps de l'animal. Les AC's utilisent des moyens psychiques et les AMIDIs utilisent la physique et l'énergie actuelle. Un clairvoyant (intuitif) syntonise avec votre animal domestique et il donne son information selon ce qu'il perçoit.

Un praticien ARC/AMIDI observe (l'énergie de la force de vie de votre animal.) Il suit où il a été, suit où il est actuellement et puis regarde sa position dans l'avenir.

Les informations d'ARC/AMIDIs sont obtenues à partir de la recherche de l'énergie de force de vie et en suivant l'activité de l'énergie de l'animal à travers tous les royaumes du temps.

Les ARC/AMIDIs peuvent décrire à qui votre animal domestique va ressembler en le regardant!

Les animaux ne peuvent pas communiquer des «informations mensongères» à un praticien ARC/AMIDI qui rassemble les informations tirées de l'énergie qu'il voit. Ce qu'il voit est ce que vous obtenez! La photo de l'énergie de votre animal vaut plus que des mots.

Ces deux séances intuitives (quoique differentes) apportent des perspectives d'information précieuse encore différente et complémentaire qui peuvent vous aider à obtenir l'accès, valider et comprendre ce qui se passe avec votre animal.

I'm coming come back to you!!

Est-ce que c'est égoïste de communiquer avec l'énergie de mon animal?

Comme avec «tout vrai amour,» ce n'est pas égoïste de rester en contact avec votre animal et ce n'est pas une invasion de la vie privée. **Cependant,** vous devez demander la permission de puiser dans l'énergie de votre animal chaque fois que vous voulez communiquer. Votre animal peut choisir de répondre à votre demande ou il peut dire pas maintenant, mais plus tard!

Quand un animal vient juste de revenir sur Terre, vous êtes au courant de ce fait et vous voulez parler avec lui, mais essayez de freiner l'envie. Un animal qui vient d'arriver a besoin de temps pour s'acclimater à l'environnement de la Terre et à son nouveau corps.

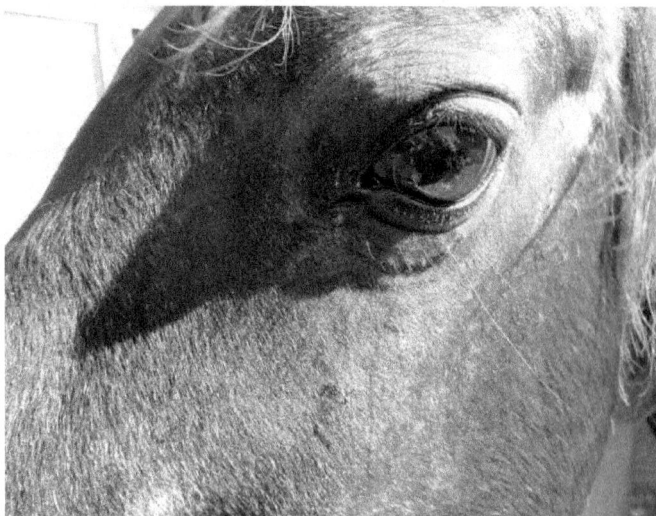

You are waiting for me aren't you?

I'm coming BACK from Rainbow Bridge
to be with you - AGAIN!

La traduction: Tu m'attends n'est-ce pas ? Je reviens
du Pont Arc-en-Ciel pour être avec toi – ENCORE!

Comment amener l'énergie de votre animal sur Terre

D'abord protégez-vous! Pourquoi? Quand vous ouvrez une connexion de l'autre côté des voiles, vous voulez uniquement que votre animal seul vous réponde. Alors, vous n'allez pas être un portail pour toutes les énergies qui veulent communiquer avec quelqu'un sur Terre.

Pour votre protection, vous devez mettre vos prières et vos intentions en ordre sur une ligne spécifique. Allons regarder comment prier pour pouvoir élaborer avec soin et diriger vos prières.

Comment prier: Soyez SPECIFIQUE!

L'univers vit éternellement et votre véhicule loué (votre corps) ne vit que pour un temps, alors vous devez être spécifique. Dites:

Je demande: «Demandez et vous recevrez.» C'est la loi Universelle que tous ceux qui sont responsables du contrat de votre âme doivent répondre. Vous demandez à tous ceux qui sont responsables de votre âme de vous aider, maintenant! Pourquoi ne pas utiliser tous les pouvoirs que vous avez sur Terre et au Paradis qui vous sont disponibles?

C'est mon intention (non pas j'ai l'"intention) qui apporte vos prières dans le présent, dans cette incarnation, en ce moment même.
Vous devez être SPÉCIFIQUE !!!!!!!!!!!!

Ils vivent «éternellement» dans l'Univers et dans tout «ce qui existe.» Alors, soyez TRES SPECIFIQUE exactement pour ce que voulez et les délais que vous voulez. Ne pas être spécifique n'est jamais, jamais une réussite pour ceux qui sont de l'autre côté des voiles.

Je suggère de répéter votre prière trois fois; **3** est le
numéro universel.
*La première fois définit votre plein gré pour
demander de l'aide,
*La deuxième fois, votre prière va créer l'intention,
*La troisième fois signifie que vous êtes vraiment
concentré sur l'obtention de ce fait.

Utilisez les mots Maintenant et pour Toujours.
«Maintenant» met votre prière dans le présent.
L'Univers fonctionne éternellement dans un temps
sans limites, et pour qu'ils répondent à votre
commande, vous devez déclarer «maintenant,» sinon,
vos guides spirituels demanderont «pour quelle
incarnation, vie passée ou parallèle voulez-vous
cela?»

«Pour Toujours,» emporte la prière dans toutes les
énergies, incarnations, et délais et continue les
résultats de la prière sans aucun laps de temps.

A la fin de votre prière, Dites: «Ainsi-soit-il». Merci.
Cela apporte la prière dans la situation présente.
«Ainsi soit-il», manifeste que la prière est devenue
une réalité MAINTENANT.

Premièrement, Enlevez vos chaussures et dites votre Prière de Protection

***Prière pour toute protection englobante:

Dites: Je demande et c'est mon intention de m'entourer entièrement avec un miroir sans couture reflétée – (bulle ou cocon) avec la lumière blanche et éblouissante de Jésus Christ (ou celle de votre plus haute puissance bénie et omnisciente,) pour me protéger maintenant, et pour toujours. Ne permettez jamais qu'à l'énergie et les entités qui sont pour le plus haut et le meilleur bien à venir à travers votre âme. Ainsi soit-il. Merci.

Si vous ne faites rien d'autre, c'est ce que vous devez dire à n'importe quel moment ou endroit, quand vous voulez être protégé!

Pourquoi j'utilise les mots «sans couture,» et « reflétée» (mirrored)?
Sans couture signifie que rien ne peut entrer ou sortir sauf si vous le permettez. Le concept de «miroir» signifie que toute énergie ou entité négative, évènement, et tout ce qui vous est destiné, est reflété et renvoyé à l'expéditeur afin que vous ne soyez pas videz ou touché.
TRES FACILE!

*** Si vous changez les mots d'une prière, vous recevrez des résultats différents.

Nous avons fait une émission de radio sur le thème «Communication Animale», qui a mal tourné sur le site Pet Life Radio.com, et c'est pourquoi j'ai décidé d'ajouter cette information.

Ensuite, demandez TOUJOURS la permis-sion à votre animal domestique pour communiquer avec lui.

Brent Atwater"
Just Plain Love Books ™ présente

Demandez télépathiquement avec votre esprit ou cœur. Vous recevrez la réponse dans votre conscience intérieure. Maintenant, vous êtes prêt à demander à l'énergie de votre animal de venir vous rendre visite, établir contact ou communiquer avec vous.

(Rappelez-vous de dire) C'est mon intention de
– Ne changez pas les mots parce qu'il en résulte une erreur majeure et commune qui entraîne la déconnexion.

Pratiquez environ 30 minutes par jour. Cela réussit!

Dites:
Je demande et **c'est mon intention** de communiquer avec l'énergie précédemment connue sous le nom de_____(Le nom de votre animal),

De façon à ce que je puisse le ressentir le toucher ici, maintenant.
Je demande que tu mettes ta patte, (ton nez, ta tête, n'importe) dans ma main maintenant.

(Utilisez la main avec laquelle vous n'écrivez pas parce que c'est la main qui va «recevoir» l'énergie.)
Ainsi soit-il. Merci

Vous pouvez réciter cette prière pour demander à pouvoir le voir dans vos rêves si vous vous sentez à l'aise avec sa présence.

Je récite la prière **TROIS fois** pour créer l'intention, la précision et la clarté. Utilisez ces mots exactement. Ils vous protègent des visites des énergies et entités indésirables.

Si vous êtes extrêmement émotionnel à ce point donné, vous ne pourrez pas les ressentir.
*U*ne douleur excessive, aussi bien que la colère et l'incrédulité, entraînera la déconnexion.

Prenez le temps de vous calmer! Cette méthode

fonctionne et réussit très bien! Ma mère qui a 86 ans et les membres de son Cercle Jardinier (Garden Club) ont bien réussi à accomplir cette méthode.

Ce que vous ressentez est un fourmillement dans votre main, ou de l'air épais et lourd, un sentiment de pression ou de froid, ou peut-être une zone d'air chaud différente de la région environnante.

Si cela ne fonctionne pas la première fois, essayez de nouveau. Si cela fonctionne pour la première fois et pas de nouveau, demandez-vous ce que vous êtes en train de faire pour bloquer l'énergie. Une fois que vous avez eu accés à son énergie, c'est toujours disponible pour vous jusqu'au moment de rentrer «à la maison.»

Parfois, il faut deux semaines ou plus jusqu'à ce que votre animal vous réponde parce que leur énergie réside dans l'éternité.

Des divers documents de recherche suggèrent de vous mettre en «contact» avec les esprits (Cela fonctionne aussi avec les humains) en même temps, chaque jour pour des résultats plus rapides.

Vous pouvez aussi définir votre intention et demander à voir et ou à communiquer avec votre animal dans vos rêves. **Si** vous voulez que votre animal réponde à vos questions dans vos rêves, **soyez très spécifique pour ce que vou demandez.**

Vous vous demandez probablement:
Maintenant que l'énergie de mon animal me rend visite, que dois-je faire? Profitez et réjouissez-vous de cette nouvelle prise de conscience et de votre animal domestique!

Si j'établis le contact avec l'esprit de mon animal, est-ce que j'interromps son esprit de faire ce qu'il est censé de faire de l'autre côté des voiles? NON!

Parfois, un animal vient «se présenter» simplement tout seul pour vous faire savoir qu'il est OK. Cependant, les séances intuitives de AC et d'AMIDI contribuent largement à une tranquillité et vous aident à comprendre que les décisions que vous avez faites étaient «la bonne chose» à faire pendant les évènements entourant le décès de votre animal et ils offrent aussi un confort en communiquant avec votre animal domestique. Cela continue votre amour avec un lien étroit et vous couvre avec une accolade chaleureuse qui rend le tout un peu moins traumatique.

Cependant, posez-vous ces questions ci-dessous:
Etes-vous obsédé avec l'idée de contacter votre animal parce que vous ressentez que vous ne pouvez pas aller plus loin?
Etes-vous tant bouleversé et consommé par le chagrin que vous vous sentez excessivement isolé ou abandonné?
Etes-vous tellement co-dépendant que vous ne pouvez pas lâcher prise?
Même si votre animal vous manque terriblement, il y a un moment favorable pour chercher une prise de conscience et un moment pour affaiblir le chagrin et reprendre le fil de la vie.

C'est très malsain pour tout individu de rester coincé dans la douleur négative.

«Je ne peux pas surmonter ces attitudes» est très malsain pour l'énergie spirituelle de votre animal domestique.
Cela contribuera à limiter ses visites.
Ralentira les signes pour vous faire savoir qu'il est OK.
Et pourra nuire à la transition à long terme de votre animal domestique vers un royaume supérieur ou à vous.

Sachez qu'il y aura un moment ou votre animal domestique ne répondra plus à vos demandes parce qu'íl sera monté à un plan supérieur ou sera en train de reformuler son retour et de se réadapter à être sur terre.

Par exemple, Mike est venu me rendre visite à plusieurs reprises, y compris les anniversaires et ceux de notre rencontre. Après plusieurs années, il a cessé d'apparaître. Je savais intrinsèquement, qu'il était monté dans un autre royaume spirituel et un but plus élevé. Et oui, sa présence physique me manque toujours.

*** Pratiquez tous les exercices environ 30 minutes par jour pour au moins deux semaines pour commencer jusqu'à ce que votre animal domestique vous réponde regulièrement et sur demande.

Does your Soul think your Pet is coming back from Rainbow Bridge?
NO, you are NOT "crazy"!!!
Pet Reincarnation is Real

© Animal Reincarnation Animal Life After Death by Brent Atwater

La traduction: Est-ce que votre âme pense que votre animal domestique va revenir? Non, vous n'êtes pas «fou/folle»!!! La réincarnation animale est réélle.

Comment toucher l'énergie de votre animal domestique décédé?

Avant la mort de Mike, je ne savais même pas que ressentir l'énergie «de l'autre côté» était possible! J'avais entendu parler de cela, mais je l'avais soufflé comme «incroyable ou un mythe». En plus, j'avais été élevé comme une Chrétienne et j'avais vraiment peur de m'impliquer «dans quelque chose comme ça.»

De l'autre côté, Mike m'a enseigné comment faire le processus. Après avoir appris le processus, nous nous tenions par la main quand j'avais peur et il me donnait un baiser chaque nuit avant que je m'endorme. Il a dormi à côté de moi pour des mois après avoir quitté son être biologique.

En grandissant, j'ai toujours entendu dire que «Dieu, c'est l''amour.» Après mes expériences et avoir appris ce que je suis sur le point de vous apprendre, Je comprends totalement. Je sais, sans aucun doute, que l'énergie et l'amour durent pour toujours et éternellement – bien vivant et **sans fin!**

Quand votre animal aura répondu à votre demande d'être présent en «énergie sous forme de vapeur ou d'Esprit» sur Terre, vous ressentirez sa présence.

Maintenant, c'est le moment de percevoir son énergie, le «toucher. »

Frottez-vous les mains jusqu'à ce qu'elles soient chaudes afin d'activer les terminaisons nerveuses de vos paumes et du bout de vos doigts de façon à ressentir l'énergie de manière optimale. Si vous voulez «rafraîchir» votre sensibilité sensorielle, simplement répétez cet exercice pour produire un réchauffement et répétez-le autant de fois que c'est nécessaire.

Ensuite, écartez vos doigts de manière à ce qu'il y ait au moins (2cms) d'espace entre chaque doigt comme un long peigne recourbé. Ceci augmentera votre sensibilité pour percevoir l'énergie.

De manière très douce, comme si vous essayiez de toucher de la poussière sur les ailes d'un papillon, commencez à balancer vos mains horizontalement en avant et en arrière (à peu près 30cms de large et de hauteur environ) dans une zone rectangulaire à proximité de l'endroit où vous ressentez que votre animal est localisé.

Vous pouvez scruter (to scan) son énergie en avant et en arrière, de gauche à droite ou vice versa et de haut en bas à travers cet espace. (Voir la démonstration sur notre canal de YouTube.)

Continuez à travailler dans les quadrants rectangulaires jusqu'à ce que vous puissiez ressentir, éprouver ou recevoir une pousse d'énergie.
Vous pouvez éprouver:

Quelque chose de plus épais, soufflé, plus dense, généralement une zone plus fraîche ou une section qui produit un genre de fourmillement.

Vous pouvez aussi ressentir «de l'air un peu gras,» ou une petite boule chaude ou comme deux aimants qui poussent un contre l'autre entre vos mains. C'est votre animal domestique! Votre cœur SAIT bien que c'est lui.

Etre sensible à une sensation différente de l'air est de savoir que vous progressez. Quand vous êtes vraiment fort à faire ceci, vous pouvez apprendre à éprouver ou ressentir les bords de leur forme, même leurs petites pattes ou plumes. Si vous êtes vraiment, vraiment fort, vous pouvez même toucher leurs moustaches.

Ce processus peut prendre un certain temps pour s'y habituer. Votre récompense en vaut la peine!

Ne soyez pas frustré, avec du temps, cela fonctionnera et vous réussirez. Sur YouTube, nous avons des vidéos qui démontrent cela et d'autres techniques.

***Plus vos mouvements sont doux, cohérents et plus lents (ne précipitez pas,) quand vous approchez une certaine énergie, la plus forte pousse d'énergie vous recevrez.

Soyez patient et **pratiquez, pratiquez, pratiquez!** Cela permettra à votre reconnaissance de se produire plus rapidement.
Une de mes clientes mettait son chat autour de ses épaules. Elle lui faisait mettre sa patte dans sa main sur commande. Vous pouvez même ressentir votre animal vous embrasser, vous cognez avec une balle lancée ou dormir à côté de vous la nuit!!!

Note importante: Si votre animal est en train de regrouper son énergie pour revenir et vous êtes en train de pratiquer cet exercice, son énergie sera plus mince au fur à mesure que le temps se rapproche de son retour. Plutôt que d'être déçu, concentrez-vous sur la pensée que bientôt, vous pourrez le caressez dans la chair.

Quelle est l'importance de cet exercice?
Une fois que vous avez appris à ressentir et reconnaître l'énergie de votre animal, vous serez plus en mesure de syntoniser avec ce que votre animal «ressent.»

Cette connaissance vous permet d'être plus sensible à son progrès. Vous serez en mesure de ressentir son rapprochement comme les femmes en couches qui peuvent ressentir les contractions et les vagues d'énergie devenir de plus en plus proches. Ces vagues vous fourniront des conseils convaincants et indéniables qui vous guideront à votre animal domestique.

Vous serez en mesure de détecter le moment où il quittera les voiles pourpres de l'énergie au-delà de la mort et commencera la transition à travers la force d'énergie vitale. Si vous êtes sensible à l'énergie, vous pouvez même reconnaître le moment votre animal domestique est de retour sur Terre.

Quand je regarde, vois, et je suis l'énergie, c'est extrêmement intéressant de voir l'énergie d'un animal se transformer en fœtus et prendre une nouvelle vie dans le ventre de la mère.

Quand votre animal est né ou prend pleine possession du processus «d'un walk in», (de la fusion de deux âmes), votre cœur le «ressentira». Il n'existe aucun moyen pour méprendre vos exhortations intérieures pour le trouver ou de savoir où il est. Vous le ressentez! Vous le savez! C'EST UNE CONNAISSANCE QUI EST IRRÉFUTABLE!

Puis-je utiliser cet exercice pour retrouver un animal perdu?

Oui, mais d'une manière différente! Une fois que vous apprenez à reconnaître l'énergie de votre animal dans votre cœur et le domaine d'énergie personnelle, voici deux techniques pour localiser un animal domestique:

Dites: Je demande et c'est mon intention de trouver_____ maintenant. Et puis, levez-vous et tenez-vous calmement et sans distraction. Dites: Le nom de votre animal _____, du fond de mon cœur, je t'envoie mon énergie à suivre en toute sécurité chez moi. Reviens à la maison pour moi, maintenant. Merci.

Cela crée un chemin d'énergie pour votre animal à détecter pour l'aider à retrouver son chemin de retour. De nombreuses histoires de télévision ont montré des animaux qui ont voyagé à travers un pays pour revenir ou ont retrouvé leurs gardiens après avoir été perdus pour des années.

Dites: Je demande et c'est mon intention de retrouver_____
Maintenant,_____ Conduis-moi où tu es maintenant!
Conduis-moi où tu es maintenant! Ainsi soit-il!

Et puis, debout, immobile et comme la trotteuse d'une montre, faites pivoter lentement votre corps jusqu'à ce que vous pouvez ressentir une traction dans votre domaine d'énergie. Et puis, marchez dans cette direction jusqu'à ce que cela s'arrête.

A ce moment, recommencez le tout encore et répétez ce processus jusqu'à ce que vous retrouviez votre animal. Même l'énergie d'un animal décédé peut être retrouvée de cette façon. J'ai appris cela quand le camion service de télévision a écrasé mon petit chat blanc Persan (Persian), nommé «Kisses» (bisous,) et l'a jetée dans les bois. Je savais que parce qu'elle était sourde, elle ne se sauverait jamais. Alors, j'ai continué à répéter cette prière et à utiliser cette technique jusqu'à ce que je l'ai retrouvée.

Doreen Virtue vous conseille de demander à l'ange gardien de votre animal de dire à votre animal de revenir à la maison maintenant. Quelle que soit la méthode que vous utilisez, n'oubliez pas d'ajouter en toute sécurité et de remercier à la fin de chaque demande.

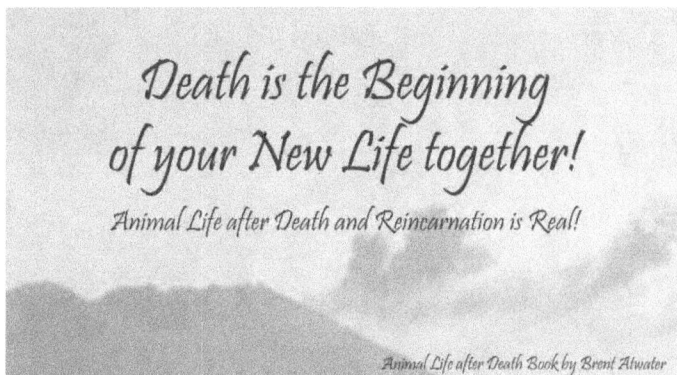

Death is the Beginning of your New Life together!

Animal Life after Death and Reincarnation is Real!

Animal Life after Death Book by Brent Atwater

La traduction: La mort est le Début de votre vie ensemble! La Vie Animale après la mort et la Réincarnation sont réelles!

Comment puis-je voir l'Aura, l'Esprit ou la «Forme de Vapeur» de mon animal Domestique et son énergie?

Pour voir l'énergie qui entoure le corps de votre animal domestique **vivant**, dites:
Je demande et c'est mon intention de voir l'énergie _____(le nom de l'animal)_____ maintenant, et demande et c'est mon intention de voir _____ l'énergie maintenant, et demande et c'est mon intention de voir _____ l'énergie maintenant.
Et puis, fermez les yeux serrés et dites «déplacez l'énergie et recentrez l'énergie maintenant».

Ouvrez les yeux doucement, et essayez de ne pas clignoter.

Fixez les bords de l'objet (la ligne de l'épaule de votre animal, le haut de la tête, ou les bords extérieurs de votre main) jusqu'à ce que vous voyiez une lueur faible s'élever de la zone que vous avez choisi de lire.

Quand une lueur très subtile apparaît, vous cherchez l'extérieur (de l'aura.) Le plus souvent vous pratiquez cet exercice, le plus rapide et plus fort l'aura se manifestera sur demande.

Pratiquez en regardant votre propre énergie dans la salle de bain contre un mur nu devant un miroir, ou mettez votre main ou la patte de votre animal domestique sur une feuille de papier blanc et regardez les espaces entre les doigts, ou sur le contour extérieur de la patte pour voir l'aura.

Une fois que vous avez activé ce dont, il est activé pour le reste de votre vie, sauf si vous décidez de ne pas l'utiliser. Il faut compter environ deux semaines pour obtenir la compétence.

Chaque animal et être vivant possède une aura qui est facilement disponible pour être consulté. Pour honorer chaque âme et leur espace, je demande toujours la permission avant d'accéder l'énergie.

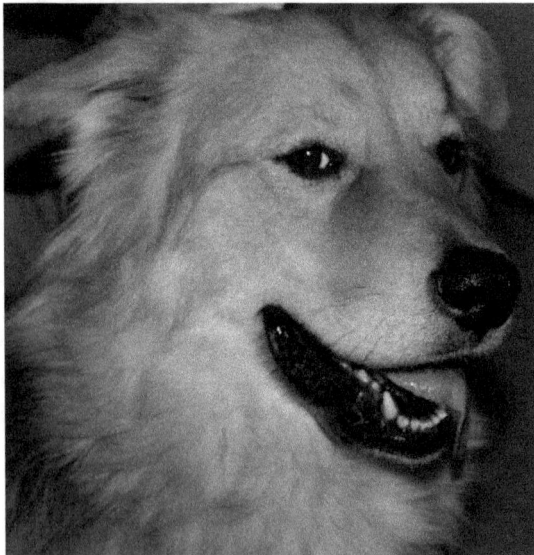

Comment accéder «la forme de vapeur» ou l'Esprit de votre animal domestique?

Et oui, vous les verrez sous forme de vapeur.

Etape 1. Utilisez la technique d'auparavant pour demander à l'énergie de votre animal de se montrer sur Terre. Dites: Je demande et c'est mon intention de communiquer avec l'énergie connue sous le nom de _____(nom de votre animal,) de façon à ce que je puisse communiquer avec son énergie, le toucher, le ressentir, ici et maintenant.

Etape 2. Une fois que votre animal décédé vous a répondu et vous l'avez trouvé et vous pouvez ressentir la présence de son énergie alors, dites:

Je demande et c'est mon intention de voir l'énergie de mon animal décédé, (nom de l'animal,) maintenant, son énergie maintenant, je demande et j'ai l'intention de voir mon animal décédé, (nom de l'animal,) son énergie maintenant.

Et puis, fermez les yeux serrés et dites: «Détournez et changez l'énergie et recentrez maintenant.»

Ouvrez vos yeux doucement en essayant de ne pas clignoter. Appelez votre animal en disant: (nom de l'animal,) montre-toi à moi, devant moi maintenant, montre-toi à moi, devant moi maintenant.

Dans peu de temps, il va se montrer!!! Soyez patient. Ce processus pourrait prendre plus de deux semaines, mais il va se montrer. Si vous l'avez aperçu du coin de l'œil, vous devez lui demander spécifiquement de se montrer DEVANT VOUS de façon à avoir **une vision claire de lui.**

Voulez- vous que votre animal vous donne plus d'information?

Lorsque votre animal domestique a pris le temps de reformuler son énergie sur Terre pour que vous puissiez le voir, que ce soit du coin de l'œil ou à travers une pièce, c'est un moment opportun pour demander plus d'informations.

J'ai souvent vu Kitty Possum courir de pièce en pièce, et la forme de vapeur de Hairy Kitty's qui poussait des moutons de poussière, sous mon lit ou dans mon tiroir de bureau ouvert où elle aimait dormir. Parfois, je pouvais voir mon chien, un Labrador Jaune, «Boo Bear» qui courrait à travers le terrain de Golf avec sa balle, pour me montrer qu'il 'était heureux.

Demandez-leur de vous en montrer plus.
Dites: «le nom des animaux, montrez-moi ce que j'ai besoin de savoir maintenant.»

Vous pouvez dire également pendant qu'ils font leur apparence sous forme de vapeur: «**Dites-moi ce que vous voulez que je sache maintenant**»

(N'oubliez pas de répéter chaque phrase ou prière trois fois ce qui rend votre intention très claire), et puis écoutez ce que votre cœur vous dit.
N'oubliez pas de remercier vos animaux domestiques pour leur visite. En plus, je les inviterais aussi à revenir n'importe quand ils choisiront de le faire.

Que peut interdire mon animal de revenir pour me rendre visite?
La colère, l'incrédulité, les pleurs, l'excès de chagrin et la culpabilité limitent la capacité d'un animal à utiliser son énergie pour communiquer et entrer dans votre conscience. Vous aurez une plus grande clarté sur les signes subliminaux et les nuances que vous pourriez manquer quand vous serez moins contrarié.

Après la mort de Mike, il se mettait à formuler sous forme d'esprit scintillant devant moi. J'avais tellement peur que quand il m'a demandé de se montrer pour que je le vois, que je ne lui ai pas permis de le faire.

C'est là mon plus **grand regret** de ne pas avoir permis à Mike de se présenter devant moi comme une être sous forme d'énergie vivante alors qu'il était encore dans un état d'énergie capable de se présenter sous une forme reconnaissable. De nombreuses personnes ont vu l'énergie de leurs bien-aimés décédés ou de leurs animaux domestiques lors d'une visite. Cela a été très réconfortant et apaisant pour eux. Il n'y a rien à craindre et beaucoup à apprendre «face à face». Tous les processus de connexion et de communication sont les mêmes pour les humains ou les animaux.

Rappelez-vous que la pratique rend parfait!**!!!** Il faudra du temps pour vous habituer à avoir accès à une autre fréquence d'énergie. Essayez de pratiquer environ 30 minutes chaque jour, quand vous êtes reposé et sans chaussures. Vous pouvez le faire!!!

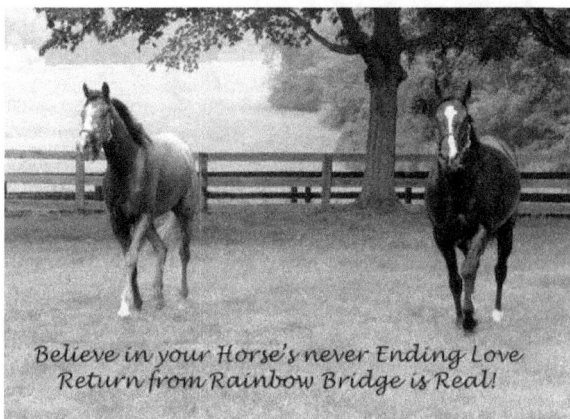

Believe in your Horse's never Ending Love
Return from Rainbow Bridge is Real!

La traduction: Croyez à l'amour pour toujours de votre cheval! Le retour du Pont Arc-en-Ciel est réel !

Est-ce possible pour d'autres animaux que j'ai eu dans mon passé de venir me rendre visite?
Oui! Tout animal ou toute énergie d'un être vivant de l'autre côté peut choisir de rendre une visite à n'importe quel moment seul ou en groupe.

His Soul begins
the search
for
the Haven of
your heart.

La traduction: **Son âme commence la recherche
pour le Paradis de votre cœur**

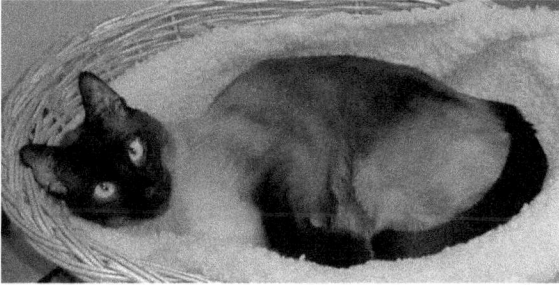

Commémoratifs, tombes, monuments et autels

Certaines personnes créent des monuments, des tombes ou des autels avec des bougies, des fleurs, des photos et des souvenirs. D'autres ont recours à un taxidermiste pour conserver leurs animaux domestiques. Beaucoup de personnes prennent les cendres de leur animal et les font incorporer en sorte d'œuvre d'art, comme un bracelet ou un cristal, ou un autre objet commémoratif.

ET puis, le maître de l'animal va à cette location physiquement ou mentalement où il visualise une connexion avec son animal domestique à travers la forme de ce monument ou **location spécifique**. Si c'est votre choix, soyez sure que vous n'êtes pas attaché à ce QUI EXISTAIT en croyant et en limitant l'essence de votre animal domestique **à cet endroit spécifique.**

Si VOUS croyez que vous ne pouvez avoir une connexion avec votre animal sans ce monument ou cette zone de mémoire, votre animal va honorer votre choix. Cependant, **votre attitude pour eux d'avoir seulement cet endroit spécifique** va limiter ses signes, la connexion et ralentir la réincarnation.

****L'énergie et l'amour d'un animal domestique sont vivants et peuvent être avec vous partout et pour toujours!

Quand vous choisissez de croire que les animaux décédés sont de l'énergie vivante et peuvent être

n'importe où et partout, **alors seulement**, ils
peuvent honorer leur contrat «de revenir vers vous.»

Believe in your Pet's
Return from Rainbow Bridge

Le poème de Pont Arc-en-Ciel nous dit seulement la moitié de l'histoire!

Le poème original Du Pont Arc-en-Ciel a été écrit par
un auteur inconnu, il y a longtemps, et ce poème
universel écrit pour la perte d'un animal nous dit
seulement la moitié de l'histoire.

Si vous croyez à la vie animale après la mort et la
réincarnation comme moi, ce poème ***Rainbow
Bridge (Pont Arc-en-Ciel)*** représente la fin pour
votre animal. Il déclare que son âme n'évolue jamais.
Il meurt simplement et vous devez mourir vous-
même pour le rejoindre! ABSOLUMENT FAUX! d'un
point de vue spirituel.

J'ai écrit et créé la série des retours de Rainbow
Bridge (Pont Arc-en-Ciel) pour représenter ceux, qui
parmi nous, croient en l'amour infini et l'habilité de
revenir du Pont Arc-en-Ciel. Je crois que mes
poèmes et mes vidéos nous disent **l'histoire
complète** et embrasse le cycle éternel de la vie.
Consultez l'information sur le Retour du Rainbow
Bridge (Pont Arc-en-Ciel) à la fin de ce livre.

Tous les poèmes et les vidéos sont traduits en
plusieurs langues de façon à ce que vous puissiez
aider à guérir les *hearets (ouï-dire)* en les passant ou
en les partageant avec un ami. Vous pouvez toujours
télécharger une copie du poème dans votre langue
pour un type d'animal domestique spécifique de notre
site Internet, Facebook, ou le Blog pour la
réincarnation animale.

Retour du Pont Arc-en-Ciel

Retour du Paradis des Animaux

Quand un Animal meurt, son Âme fait une transition vers un endroit spécial au paradis
appelé le Paradis des Animaux
Là, Il est bel et bien vivant, au sein de l'Amour Sans Fin.
Il est guéri, accompli et rétabli.

Il y rencontre la famille, des proches et des amis spéciaux. Ils courent et jouent ensemble.
Il y a de la nourriture, de l'eau et du soleil en suffisance.
Tout le monde est au chaud, en sécurité et à l'aise.

Il vous rend visite en rêve et vous amène des souvenirs des moments uniques que vous avez partagés.
Il est heureux et en paix, à un détail près.
Le lien qu'il avait avec la personne qu'il a du laisser derrière lui lui manque.
Il vous envoie des signes pour vous faire savoir qu'il pense à vous et veille sur vous.
Son âme est TOUJOURS à vos côtés.
Il n'a JAMAIS cessé de vous aimer!

Alors vient le jour où votre Animal éprouve le désir d'être de retour.
Il y a des promesses à tenir.
L'intention qui l'anime est telle qu'il en frémit.
Il est temps de revenir sur Terre comme vous l'avez convenu tous les deux.
Son énergie vibre de plus en plus vite,
formant un Cœur pour être aimé.

Il sent vos prières et votre désir le tirer.
Il se sent fortifié par le pouvoir de votre croyance en L'amour sans Fin.
Plein de Foi et d'Espoir, il quitte la sécurité du Paradis des Animaux.
Son âme se met en quête du Havre de votre cœur.

À l'instant parfait, ce moment arrive.
Vous vous retrouvez !
Le temps s'arrête cependant que vous regardez chacun dans l'Âme de l'autre.

La sensation que vous vous êtes reconnus se grave dans votre cœur.
Vous avancez précautionneusement pour combler le vide et parachever le lien qui vous unit.
Cependant que votre regard se penche dans des yeux pleins de confiance,
votre toucher caresse sa tête bien-aimée.
Toute votre tristesse a disparu.
Votre cœur est à nouveau entier!

Votre Animal est revenu du Paradis des Animaux.
Ensemble, vous prenez le chemin d'un nouveau voyage
dans le cycle éternel de la vie !
Votre amour est ici
Maintenant,
Pour Toujours et à Jamais !

*****

Auteure : Brent Atwater

Extrait du livre de Mademoiselle Atwater « La réincarnation des animaux : la vie des animaux après la mort
- tout ce que vous avez toujours voulu savoir ! »
www.JustPlainLoveBooks.com & www.BrentAtwater.com

Le Retour d'un Chien du Pont Arc-en-ciel

Lorsqu'un chien meurt, son âme voyage à un endroit spécial au Paradis
Qui s'appelle Le Pont Arc-en-Ciel.
Là-bas, il est vivant et bien portant, une partie d'un amour à jamais.
Il est guéri, complet et renouvelé.

Il rencontre des amis spéciaux, de la famille et il embrasse ses bien aimés.
Ils se chassent, jouent et aboient ensemble.
Il y a beaucoup de nourriture, des friandises, des balles, des os et du soleil.
Tout le monde a chaud, est sain et sauf et confortable dans leurs lits.

Il vous rend visite dans des rêves avec des souvenirs de moments particuliers
Que vous avez partagés ensemble.
Il est heureux et content SAUF pour une chose.
Le lien spécial avec la personne qu'il a laissée sur Terre lui manque.
Il vous envoie des signes pour vous faire savoir qu'il pense à vous et qu'il vous protège.
Son Âme est avec vous pour toujours;
Il n'a jamais cessé de vous aimer!

Et puis le jour arrive quand votre Chien veut revenir.
Il y a des promesses à garder; Il se tortille et brille d'envie.
C'est l'heure de retourner sur Terre comme tous les deux en avez fait l'accord.
Son énergie vibre de plus en plus vite; En formant un cœur à aimer.

Il ressent la force de vos prières et désirs ardents.
Il se sent fortifié par la force de votre croyance en l'Amour à Jamais.
Rempli d'Espoir et de Foi, il quitte la sureté du Pont Arc-en-Ciel.
Son Âme commence à chercher pour le Paradis de votre cœur.

Et puis, le moment propice se présente; Vous vous retrouvez!
Le temps s'arrête comme vous regardez l'un l'autre dans vos Âmes.

Votre cœur est gravé avec le sentiment de reconnaissance dans ses yeux.
Prudemment vous avancez en remplissant les chaînons manquants pour compléter votre lien.
Vous caressez sa tête bien aimée.
Toute tristesse est oubliée;
Votre cœur est de nouveau complet.

Votre Chien est revenu du Pont Arc-en-Ciel.
Ensemble, vous recommencez à nouveau
Une nouvelle journée; Dans le Cycle Eternel de la vie!
Votre Amour est ici
Maintenant et pour Toujours!
*****

Auteur: Brent Atwater
Tiré du livre de Mme Atwater, La Réincarnation des Animaux:
La Vie Animale Après la Mort
Tout ce que vous Avez Toujours Voulu Savoir! Vidéo aussi disponible.
Traduit dans plusieurs langues. 05/05/13

Le Retour d'un Chat du Pont Arc-en-Ciel

Lorsqu'un chat meurt, son âme est transportée à un endroit
spécial au Paradis
Qui s'appelle le Pont Arc-en-Ciel.
Là-bas, il est vivant, et bien portant, une partie de l'Amour à Jamais.
Il est guéri, complet, et transformé à perfection.

Il rencontre des amis spéciaux, bute sa tête avec ses bien aimés.
Ils courent, jouent, font leurs toilette et se pelotonnent.
Il y a beaucoup de nourriture, d'eau et de soleil.
Tout le monde a chaud, est sains sauf et confortable.
Il vous rend visite dans des rêves avec des souvenirs de bons moments
Que vous avez partagés ensemble.

Il est heureux sauf pour une chose.
Ce lien spécial avec la personne qu'il a quittée sur Terre lui manque.
Il envoie des signes pour vous faire savoir qu'il pense
à vous et qu'il vous protège.
Son âme est TOUJOURS avec vous; Il n'a jamais cessé de vous aimer.

Et puis, le jour arrive quand votre chat veut revenir.
Il y a des promesses à garder; Il tremble et brille d'envie.
C'est le moment de retourner sur Terre
Comme tous les deux en avez fait l'accord.
Son énergie vibre de plus en plus vite.
En formant un cœur à aimer.

Il ressent la force de vos prières et vos désirs ardents.
Il se sent fortifié par la force de votre croyance en l'Amour à Jamais.
Plein d'Espoir et de Foi, il quitte la sécurité du Pont Arc-en-Ciel.
Son âme commence à chercher pour le Paradis de votre cœur.

Au cours d'un moment propice, ce moment spécial arrive.
Vous vous retrouvez!
Le temps s'arrête comme vous vous regardez l'un et l'autre dans vos âmes.

Votre cœur est gravé avec le sentiment de reconnaissance dans ses yeux.
Prudemment, vous avancez en remplissant les chaînons manquants
Vous caressez sa tête douce; Toute tristesse est oubliée.
Votre cœur est de nouveau complet.

Votre Chat est revenu du Pont Arc-en-Ciel
Ensemble, vous recommencez encore ; Une autre journée
Dans le Cycle de la Vie; Votre amour est là Maintenant
Et Pour toujours!

*****
Auteur: Brent Atwater
Tiré du livre de Mme Atwater, La Réincarnation des Animaux: La Vie Animale Après la Mort
Vidéo aussi disponible
Traduit dans plusieurs langues
Vidéo aussi disponible!
Traduit dans plusieurs langues 05/05/12

Le Retour d'un Animal Domestique dans un Refuge du Pont Arc-en-Ciel

Mon cœur est ouvert et mon Esprit est fort.
Je n'aurai jamais la chance de vieillir. Déprimé et effrayé, mon âge sans importance.
J'ai été placé dans la cage de la mort

J'ai fait de mon mieux pour retenir votre attention
Laissé en détention sans amour
Maltraité, abandonné et bientôt va mourir

N''étais-je pas assez beau ou bien portant?
Ne pouvez-vous pas voir au-delà de cela?
Ou êtes-vous quand j'ai besoin de vous ?

Le gaz brûle mes yeux et mes poumons aussi
Me tuant en absence de votre amour.

Quelle place spéciale au Paradis! Ça s'appelle le Pont Arc-en-Ciel.
Là, je suis vivant et bien portant, une partie d'un amour à jamais.
Mon corps est guéri, complet et rétabli.

Mon Dieu! Des amis spéciaux, de la famille, et des bien aimés sont ici.
Il y a beaucoup de nourriture, de jouets et de soleil pour moi.
Tout le monde a chaud, est sain et sauf et a son propre lit.

Je désire toujours ce lien spécial avec ma propre personne.
Je promets que mon âme sera toujours à votre côté.
Je ne vous abandonnerai jamais ou ne cessera jamais de vous aimer!

Et puis, le jour arrive lorsque c'est mon tour de retourner sur Terre.
Rempli de confiance et d'amour, je quitte la sûreté du Pont Arc-en-Ciel.
Mon âme recommence à chercher pour le Paradis de votre cœur.

Au cours d'un moment propice, l'heure arrive. Nous nous retrouvons!
Tout reste immobile pendant que l'un et l'autre regardons dans nos âmes.
Je prie que vous allez m'adopter.

Vous touchez et caressez ma tête.
Oh! S'il vous plaît ; Oh! Je vous prie! Choisissez-moi!
Pour que ma tristesse disparaisse et pour que mon cœur soit complet à nouveau!

L'heure d'être désiré est finalement arrivée. Vous me choisissez. Je ne suis plus sans refuge!
Ensemble, nous commençons une famille pour toujours.
Maintenant , je suis heureux et bien aimé et mon âme est en paix
Dans le cycle de la vie éternelle.
******

Auteur: Brent Atwater
Tiré du livre de Mme Atwater, La Réincarnation des Animaux: La Vie Animale Après la Mort -
Tout ce que vous Avez Toujours Voulu Savoir! Video aussi disponible.
Traduit dans plusieurs langues 12/1/13

Le Retour d'un Cheval du Pont Arc-en-Ciel

Lorsqu'un cheval meurt, son âme s''en va au Paradis
Un endroit spécial qui s''appelle le Pont Arc-en-Ciel.
Là-bas il est vivant et bien portant, une partie de l'Amour à Jamais.
Il est guéri, complet et rétabli.

Il rencontre des amis spéciaux, de la famille et des bien aimés.
Ils reniflent, jouent et paissent ensemble.
Ils ont beaucoup de nourriture, d'eau, de gourmandises,
de sel à lécher et du soleil.
Tout le monde a chaud, est sain et sauf et confortable.

Il vous rend visite pendant ses rêves avec des souvenirs spéciaux
Que vous avez partagés ensemble.
Il est heureux et satisfait SAUF pour une chose.
Le lien spécial qu'il partageait avec la personne qu'il a dû quitter sur Terre lui manque.
Il vous envoie des signes pour vous faire savoir qu'il pense à vous et vous protège.
Son âme est à Jamais à votre côté.
Il n'a jamais cessé de vous aimer.

Alors, le jour arrive quand votre cheval veut revenir.
Il y a des promesses à garder.
Il hennit, secoue ses sabots, renifle et tremble de désir.
C'est l'heure du retour sur Terre comme vous deux en avait fait l'accord.
Son énergie vibre de plus en plus vite en formant un cœur à aimer.

Il ressent la force de vos prières et désirs.
Il se sent fortifié par la force de votre croyance à l'amour à jamais.
Rempli d'espoir et de croyance, il quitte la sûreté du Pont Arc-en-Ciel.
Son âme s'emballe à la recherche de Paradis de votre âme.

Au cours d'un moment propice, ce moment arrive.
Vous vous retrouvez.
Le temps reste immobile pendant que l'un l'autre vous vous regardez dans vos âmes.

Votre cœur est gravé avec un sentiment de reconnaissance et de familiarité.
Vous avancez prudemment pour compléter et renforcer votre lien.
Comme vous vous regardez dans de grands yeux confidents.
En sentant son haleine chaude sur votre visage
Vous touchez et caressez sa tête bien aimée et vous
embrassez son cou doux.
Tout chagrin est oublié.
Votre cœur est à nouveau complet!

Votre cheval est revenu du Pont Arc-en-Ciel.
Ensemble vous recommencez un nouveau voyage à travers le cycle de la vie.
Votre amour est là
Maintenant et pour Toujours!

****
Auteur: Brent Atwater
Tiré du livre de Mme Atwater, La Réincarnation des Animaux: La vie Animale Après la Mort
Les Réponses à Toutes les Questions de Votre Cœur
10/10/12

Les Mémoires du Pont Arc-en-Ciel

Le Pont Arc-en-Ciel a évolué pour représenter un Paradis pour les animaux décédés. C'est un endroit pour tous les bons animaux. Les mêmes sites supportent les forums pour le chagrin et les tableaux de messages. Les communications en ligne encouragent l'affichage de commémoratifs pour les animaux domestiques. Beaucoup de personnes honorent leur amour pour leurs animaux domestiques ou ils rendent hommage à l'esprit d'un animal. Pour d'autres, ces commémoratifs sont comme des célébrations ou séances thérapeutiques guérissables ou un endroit pour ressentir un souvenir et un lien profond. L'état d'esprit de chaque participant *est la clé* pour une pratique négative ou positive.

Beaucoup de personnes ne sont pas conscients qu'un monument ou un commémoratif peut concentrer leur esprit à penser seulement au sujet de la «mort». Certains croient que les animaux vont et viennent à leur gré et même si la personne se concentre sur la mort de l'animal domestique, l'animal continue à évoluer. D'autres croient qu'un monument ou commémoratif n'a aucune influence sur l'énergie de l'animal. Pour un animal avec un contrat de réincarnation, toutes les autres théories passées sont incorrectes.

Contrairement à la popularité de ce «monu-ment ou commémoratif thérapeutique» pour vous souvenir de votre animal domestique, la pratique la plus souvent pratiquée de placer la photo de votre animal au Pont Arc-en-Ciel pourrait être nuisible à l'énergie de votre animal **vivant**.

Si vous avez décidé mentalement que votre animal est au Pont Arc-en-Ciel, il va honorer votre choix jusqu'à ce que vous décidiez autrement. Tous les commémoratifs qui déclarent «Je vais t'attendre» perpétuent que votre animal ne va jamais revenir. Ils en déduisent que vous devez mourir avant d'être réunis. Si vous acceptez ce fait ou vous vous concentrez sur cet état d'esprit, votre animal va honorer votre choix et reviendra dans une autre incarnation.

C'est très important de savoir que le Pont Arc-en-Ciel est simplement une escale sur le chemin du retour vers vous, non pas un endroit pour un animal qui est vivant et bien portant!
Afin d'être un participant positif aux commémoratifs du Pont Arc-en-Ciel, choisissez:
D'avoir l'esprit ouvert à la possibilité du retour de votre animal domestique, célébrez le lien VIVANT et Reconnaissez l'amour à Jamais de votre animal domestique!

Visitez leur monument avec joie et passion,
anticipation et espoir, c'est du «bon chagrin !!!»
Les meilleurs commémoratifs sont vivants et bien
portants dans votre cœur – pour toujours.

Les signes pour vous faire savoir que votre animal domestique est en train de communiquer avec vous de l'autre côté?

Premièrement et plus important -

NON, vous n'êtes pas «fou.»

Les rêves: Les animaux rendent visite et communiquent dans les rêves.

Voir: Un animal domestique peut apparaître comme une «vision» en forme de vapeur. Un animal décédé peut superposer leur ancienne image physique sur le corps de la réincarnation nouvelle pour s'assurer que vous comprenez «c'est encore moi!» Un exemple magnifique est de Union Jack dans «I'm Home! a Dog's Never Ending Love Story.» («Je Suis de Retour à la Maison! L'Amour d'un Chien pour toujours.»

Odeur: Parfois le parent d'un animal raconte qu'il peut sentir son chien Labrador! N'ignorez pas une odeur; C'est probablement un autre signe.

Bruits: Votre animal utilisera des sons qui vous sont familiers comme signes de connexion. Mainte fois, je pouvais entendre Friend N°1 aboyer clairement pour me protéger. Il s'assurait que j'étais consciente qu'il y avait quelque chose, même que tout était calme.

Vous pouvez les entendre en train de nettoyer leur fourrure ou boire de l'eau de cette vieille façon familière. Les chats ronronnent ou miaou aux parents à travers le Pont Arc-en-Ciel.

Mon cheval hennissait, secouait ses sabots et sa tête et reniflait son bien aimé «Liberty Blue» qui était mort d'une colique quand elle lui rendait visite dans l'écurie. D'autres fois, on pouvait entendre les sons d'autres animaux qui jouaient avec un «ami imaginaire».

Les carillons: J'ai acheté un carillon for Electra en lui demandant de choisir celui qu'elle aimait le plus. Après les avoir tous essayés, Je SAVAIS lequel. Certains jours, quand il n'y a pas de vent, les carillons chantent. Je sais qu'elle me dit qu'elle m'aime de l'autre côté.

Voyage: Beaucoup de clients «ressentent» que leurs animaux voyagent avec eux. Est-ce possible? OUI !!! Débarrassé d'un corps, votre animal peut-être partout à n'importe quel moment!

Les papillons sont le symbole universel de la réincarnation. Ils peuvent entrer dans votre maison, se poser sur vos épaules, voler tout autour de votre environnement ou vous suivre. N'importe quel papillon qui entre dans votre vie est le symbole de la réincarnation et c'est un signe de votre animal!

Les plumes sont souvent signes de votre animal domestique!

You got the Butterflies & Feathers I sent didn't you??? And it was me who played our favorite song!

Animal Reincarnation Animal Life After Death Book by Brent Atwater

La traduction: Tu as reçu les papillons et les plumes Que je t'ai envoyés??? Et c'était moi Qui jouait notre chanson préférée!

La Musique ou la Télé: Mike jouait tou-jours «Time,
Love and Tenderness» (Temps, Amour et Tendresse)
par Michael Bolton (chanteur Américain). Avant
d'avoir réalisé que c'était un signe, je me demandais
«Pourquoi cette chanson revenait si souvent?» Vos
animaux domestiques diffuseront leur chanson
préférée tout partout et à n'importe quel moment!
Les publicités télévisées le soir avant de vous coucher
peuvent aussi être un rappel qu'il vous protège.
N'ignorez jamais la créativité de votre animal!

Ressentir ou sensation: Il y a des gens qui souvent
ressentent la sensation d'avoir leurs chiens et chats
sur leurs genoux ou l'impression qu'ils sautent sur
leur lit chaque nuit comme Mary a ressenti Rhett
Butler le faire.

Il y des animaux domestiques qui continuent à dormir
avec leurs parents longtemps après que leurs corps
ont été mis au rebut, même jusqu'au moment de leur
retour sur Terre. J'ai pu ressentir Electra, ma «petite
fille écureuil» se serrer près de mon côté quand j'étais
très contrariée et en été pendant les orages.

Photos: Un animal domestique pourrait insérer leur
photo, un orbe ou leur forme de vapeur dans une

photo que vous avez prise de quelque chose complètement différent! C'est une autre façon de connecter avec vous! Bonjour!

Occurrences Inhabituelles: Quand vous pleurez sans arrêt, priez ou vous vous demandez si votre «membre de famille» bien aimé est bien, parfois votre animal va causer une commotion ou distraction **que vous reconnaîtrez dans votre cœur**, et c'est sa réponse pour vous faire savoir que tout va bien! Revel utilisait son énergie pour culbuter les photos de la table quand Kim était contrariée. Il voulait lui faire savoir qu'il était là, ici, avec elle!

Les animaux domestiques laisseront traîner les jouets que vous saviez bien avoir rangés soigneusement dans un bon coin.
Comme il n'y a pas de coïncidences, vous êtes en train de conduire sur une route nommée après votre animal (comme Greta dans «*I'am Home! A Cat's Never Ending Love Story*» *(Je Suis de Retour à la Maison, l'Histoire de l'Amour d'un Chat pour Toujours»,* ou vous voyez une affiche sur un bâtiment ou business avec son nom, vous faisant savoir qu'il va bien.

He misses that special bond with the person he had to leave behind.

La traduction: Ce lien spécial qu'il partageait avec la personne qu'il a laissée lui manque

Une autre fois, vous êtes en train de regarder dans un catalogue pour des lits d'animaux et tous les modèles portent le nom de votre animal; un autre signe, «Bonjour! Je t'aime!»

C'est possible que vous pourriez recevoir une carte postale par courrier ou quelqu'un vous donne un bouquet de fleurs avec des mots spéciaux qui évoquent un ressentiment que c'est un signe de votre animal. Vous avez probablement raison!

Parfois, vous pourriez trouver une plume et vous vous demandez d'où ça vient. **Les signes de vos animaux seront clairs et distincts. Votre cœur et esprit reconnaîtront et sauront que c'est eux! NON! Vous n'êtes pas «fou.»**

Est-ce que les signes indiquent que mon animal va revenir?
Si Oui, votre animal vous fournira de plus en plus de signes évidents et fréquents pour vous faire savoir qu'il est sur le chemin du retour!

Comme votre animal se rapproche d'une nouvelle vie, les expériences mentionnées ci-dessus s'arrêteront graduellement comme votre animal recentre et rassemble toute son énergie pour son retour.

Si votre animal ne se réincarne pas, il va tout simplement apparaître et réapparaître pour la durée de votre vie.

Comment pouvez-vous dire la différence?
Ce n'est pas facile. Utilisez les prières pour demander de la clarté à votre animal. Vous entendrez la réponse dans votre cœur.

Quand vos prières sont répondues avec un «NON,» les signes et les incidents deviendront plus sporadiques. Les signes seront comme l'appel d'un vieil ami au fil des ans. Votre cœur vous fera savoir intrinsèquement qu'il est en train de vérifier et de s'établir de l'autre côté et ne va pas revenir.

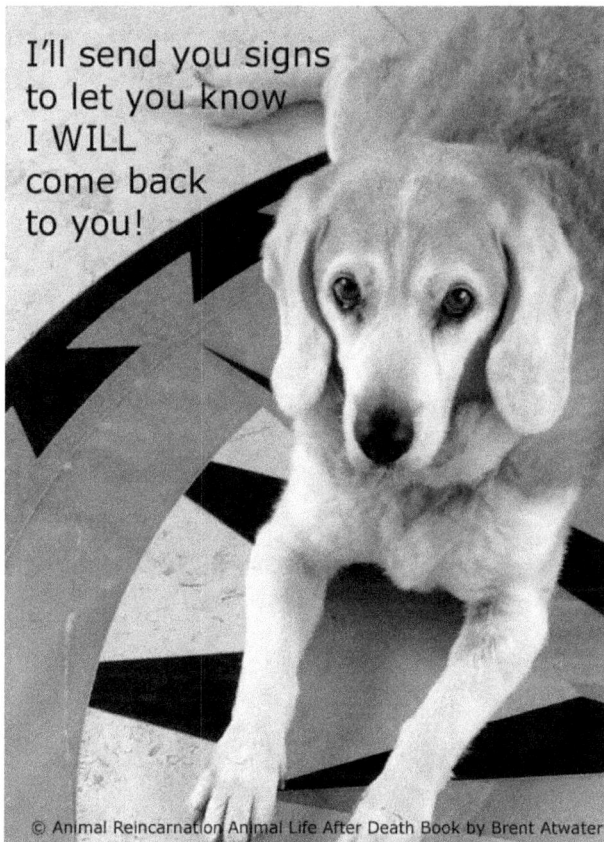

I'll send you signs
to let you know
I WILL
come back
to you!

© Animal Reincarnation Animal Life After Death Book by Brent Atwater

La traduction: Je t'enverrai des Signes pour te faire
savoir.   Que JE REVIENDRAI

After Death Signs

from

Pet Afterlife & Animals in Heaven

How to Ask for Signs & Visits
and What They Mean

BRENT ATWATER
Animal Medium

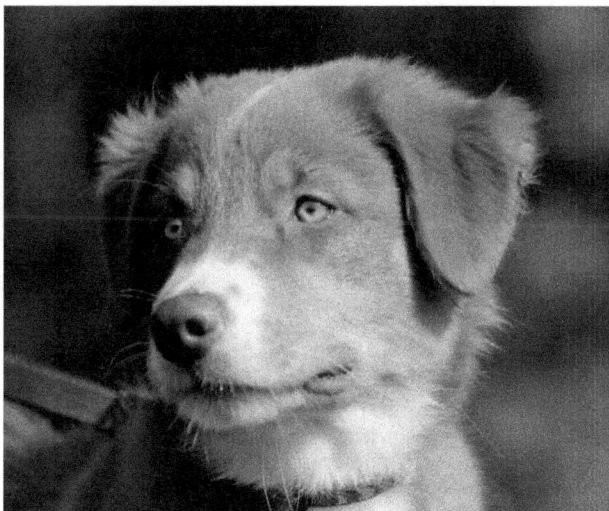

© Diane Lewis Photography

Etapes de Deuil

Chagrin
Au début, vous serez dévasté et votre animal vous
manquera beaucoup plus profondément qu'une simple
perte. Vous reconnaissez un «lien spécial» ou une
«connexion de cœur,» et que vous avez été bénis
pour avoir partagé la vie ensemble. Vous pouvez
même ressentir que «J'ai perdu une grande partie de
moi-même quand elle est morte et je me sens perdu
sans elle», ou même «nous n'avons pas encore fini».

Se sentir «béni», et «nous n'avons pas encore fini» ou
«elle faisait partie de la fibre de mon être», ou «mon
enfant, le meilleur bien dans ma vie», et mon
«rythme cardiaque et mon aspiration à la vie» est de
reconnaître que **votre animal a partagé son âme
avec vous.**

Même à travers vos moments les plus sombres de la
douleur, si vous ressentez «le lien que vous avez
partagé me manque», «je ne suis pas complète sans
mon animal», vous comprenez instinctivement que

vous avez encore des choses à apprendre ensemble. Alors, la réunion est peut être proche.

Pendant le processus du deuil, si vous ressentez que vous voulez garder les lits de vos animaux, les bols, les jouets et les colliers, même à mettre leur fourrure ou des poils dans un bocal, généralement il y a une raison profonde. Votre guidance intérieure intrinsèquement reconnaîtra qu'ils vont revenir. Conservez leurs possessions dans un endroit sûr pour leur faire savoir que vous comprenez qu'ils vont revenir et qu'ils ne sont pas oubliés.

Si vous ne pouvez pas secouer cette douleur horrible, faites quelque chose de positif pour honorer votre animal. Faites du bénévolat au nom de votre animal domestique pour une cause animale, une fondation, un refuge, un groupe de secours pour les animaux ; ou bien donnez de la nourriture à des groupes nécessiteux pour célébrer votre compagnon ou soyez une maman nourricière. Pensez à des moyens pour illustrer et immortaliser tout l'amour que vous avez partagé!

La colère

Parfois, vous pouvez être en colère en raison de la manière dont votre animal est mort. Le plutôt vous pouvez vous libérer de cette colère, le plus réceptif vous serez en mesure de recevoir des Signes de communication et de connexion. Rappelez-vous de cela: Il n'y a pas de coïncidences dans la vie.

Chaque mort est planifiée avant que vous deux arriviez sur Terre.

La colère et le chagrin que vous ressentez après la mort de votre animal **bloquent et ralentissent toute connexion ou tout mouvement d'énergie** de votre animal domestique qui essaie de revenir dans votre vie, en envoyant des signes et en rendant visite pendant vos rêves et la réincarnation.

Aussitôt que vous le pouvez, célébrez l'amour que vous avez partagé!!! Ensuite, concentrez-vous sur l'espoir que votre compagnon bien aimé est sur le chemin du retour. C'est simplement qu'il faut qu'il/elle obtienne un corps de remplacement pour continuer la vie avec vous si c'est l'accord que vous avez fait ensemble.

La culpabilité

Peu importe ce qui s'est passé autour de la transition et la mort de votre animal domestique, tout s'est déroulé exactement comme **vous deux** l'aviez prévu pour ce moment particulier et ce point de sortie!!!

Vous avez bien décidé; vous n'avez pas abandonné votre animal domestique, tout a été pré-scénarisé *et il n'y avait rien qui aurait dû être changé pour les opportunités d'apprentissage que vos deux âmes avaient choisies.*

S'il vous plait, lisez cela encore!!!

Anger and Grief over your animal's death blocks and stalls any of your Pet's contact or movement back into your life-sending signs, visiting in dreams and their reincarnation.

© Animal Reincarnation Animal Life After Death by Brent Atwater

La traduction: La colère et le chagrin que vous ressentez après la mort de votre animal bloquent et ralentissent tout contact ou mouvement de votre animal sur le chemin de retour vers vous, les visites pendant vos rêves et la réincarnation.

Si vous vous sentez toujours coupable, alors examinez ce que vous avez appris de cette expérience! Votre connaissance est le résultat de l'éducation exacte que vous auriez dû tirer des leçons autour de la transition de votre animal.

Prenez votre compréhension retrouvée et la réalisation que votre âme et la vie ont évolué à un niveau supérieur. De comprendre «Pourquoi» une mort est survenue est le cadeau contenu dans cet évènement traumatique!!!

Princess Rose Starlight Rose

La Reconnexion

La prière pour retrouver votre animal domestique:

Je demande que l'énergie auparavant connue sous le nom de_____ me conduise à ton nouveau corps pendant ce moment parfait. Ainsi soit-il. Merci.

Comment puis-je trouver mon animal domestique?

Ecoutez et ayez confiance en votre voix intérieure. Ne retardez pas le calendrier et l'orientation de vos exhortations internes lorsque votre cœur l'oblige ou poussez sans cesse pour chercher votre nouvel animal domestique. **Agissez immédiatement!**

Vous «saurez» instinctivement soit de chercher pour un petit chiot, un animal de refuge, un animal sauvé ou de faire une recherche sur l'Internet ou dans les petites annonces. Ecoutez votre cœur.

Votre animal pourrait simplement se promener et apparaître de «nulle part». Quelqu'un pourrait vous téléphoner pour vous dire «venez voir» cette fourrure magnifique, cette créature à écailles ou à ailettes et plumes qu'il a vue, trouvée ou simplement «déposée».

Allez-y! N'êtes-vous pas encore parti?
Si vous êtes de nouveau à l'écoute de votre guidance intérieure, répétez ceci encore:

Ne négligez jamais les petits détails et simplement les faire passer pour ne pas être digne d'attention.

Suivez toutes les informations qui vous sont présentées, **au moment qu'elles vous sont présentées,** et ayez confiance que le tout est correct! Tous ces signes vous conduisent à votre animal!
Il n'y a pas de coïncidences!

NE SOYEZ PAS découragé en entendant dire que votre animal «il est déjà pris ou adopté», ou vendu ou pas disponible.

Si vous SAVEZ dans votre cœur qu'il est **votre** animal domestique, soyez ferme, continuez à avancer et à ne pas vous laisser être découragé avec ce que vous percevez être des obstacles actuels.   Les aventures de Kim et de Sidney sont des exemples magnifiques pour ce principe.

Si vous n'avez pas cette «connaissance certaine» dans votre cœur ou les détails ne sont pas assez satisfaisants pour que vous puissiez obtenir un animal particulier, alors l'Univers vous fait savoir, que ce **n'est pas** votre animal domestique réincarné!

Si l'Univers jette un doute dans votre cœur, **c'est parce qu'il y a une raison.** Demandez à Dieu et à l'Univers de vous montrer les informations pour votre plus grand et meilleur bien. Et peu importe ce qui est, **ayez confiance!!**

Quand votre animal a fait tous ses efforts pour revenir à vous, **toutes les choses se développeront naturellement et simplement à travers des façons les plus intéressantes, étonnantes et <u>incroyables</u> pour que vous puissiez être à nouveau ensemble!**

C'est possible qu'un animal «adopté» ne soit pas ramassé, un versement jamais honoré, ou et les gens changent d'avis! L'Univers fera tout le nécessaire pour que vous soyez réunis d'une manière ou d'une autre

Vous NE POUVEZ PAS vous tromper!!!

La Reconnaissance

La question numéro un: «Est-ce possible que je
puisse **manquer de reconnaître mon animal
domestique?» NON! NON!** Ce n'est pas possible!
Impossible! Impossible de faire cela! NON!
Absolument NON! et NON!

**L'Univers s'assure pour que vous n'obteniez pas
un animal qui n'est pas le vôtre!** Quand c'est une
réincarnation correcte, l'Univers prendra toute

précaution pour rendre **toutes choses possible** pour vous ramener votre compagnon à la maison.
Si vous faites un choix faux, l'Univers interrompra le processus pour assurer que vous fassiez le choix correct avec des coïncidences correctes.

Comme les douleurs d'accouchements, les nuances d'énergie pendant le réentrée de votre animal domestique se fera ressentir «comme des contractions» de guidance intérieure. L'inspiration à sa recherche va augmenter en fréquence. Ces pousses vous obligent et vous propulsent jusqu'à ce que vous soyez réunis. C'est comme si quelque chose à l'intérieur ne voulait pas vous laisser tranquille jusqu'à ce que vous vous rendiez compte de ce que l'Univers vous indique de faire.

C'EST TRÈS IMPORTANT: Pendant vos moments les plus solitaires, ne vous laissez pas être influencé par les opinions d'autres personnes autour de vous ou par des conseillers.
Confirmez toujours ce que quelqu'un «vous dit» ou «communique» dans votre cœur.

Votre âme uniquement est entrelacée avec l'énergie de votre animal.
Vous et votre animal deviennent «UN SEUL ÊTRE.»
Vous, uniquement, pourrez vraiment reconnaître sa présence comme un nouveau réincarné (une nouvelle réincarnée.)

Je pouvais sentir «Friend dans mon cœur»!
Cependant, j'étais tellement occupée et submergée avec mes émotions que j'ai manqué de voir le «B» sur ses fesses. Mes amis intimes, qui étaient une partie intégrale de la vie de mon chien, en voyant la vidéo ont immédiatement reconnu que c'était mon ami de retour à la maison! Je l'ai seulement «ressenti»!

Ils ont souligné que le «B» blanc dans la fourrure de mon ami ressemblait à ma signature. Dieu savait que j'avais besoin d'évidence supplémentaire pour confirmer les signes.

Seulement vous, et peut-être ceux qui étaient très près de l'âme de votre animal quand il était vivant ressentiront et sauront reconnaître la vraie énergie!

La deuxième et plus grande erreur en reconnaissant votre animal domestique – L'ESPOIR et «votre bébé vous manque» avec l'espérance «qu'il va revenir» très souvent emporte la vérité que votre animal ne va pas revenir. Il y a des personnes qui décident quand il va naître, la portée dans laquelle il va naître, à qui il/elle va ressembler et alors proclament qu'il en est ainsi. Peu importe comment vous justifiez ou vous vous attachez au souhait que vous avez un animal domestique réincarné avec toutes sortes de signes, «mes guides me l'ont dit,» «mes AC me l'ont dit» ou d'autres que vous vous expliquez vous-même ou des explications erronées, c'est simplement faux.

Conformément à la loi scientifique de la physique, chaque être vivant possède un modèle d'énergie très spécifique et individuel ce qui fait son identité unique. Regardez et examinezle modèle de l'identification de l'énergie de chaque animal. Si l'identification de l'animal décédé ou vivant ne correspond pas à l'identification du futur animal, alors cet animal n'est pas réincarné. Tout au long du temps, une incarnation après l'autre, l'identification unique de l'énergie de votre animal domestique reste la même! C'est aussi simple que cela.

LA PLUS GRANDE ERREUR DE TOUTES !!! «Il me semble si familier et il ressemble presqu'à mon animal décédé, et de plus, j'ai reçu des signes pendant que je le cherchais et j'espère que je n'avais pas tort.»

Beaucoup de personnes font l'erreur de prendre un animal comme leur animal décédé du Groupe de Soutien pour les Animaux. L'animal nouveau est très familier parce qu'il a un modèle de vibration de nuances similaire à l'animal d'origine. C'est comme reconnaître deux sœurs ou cousins de la même famille. Vous reconnaissez la connexion à l'animal domestique d'origine, même qu'il ne soit pas votre compagnon bien aimé.

Si vous examinez l'énergie de chaque animal, les deux courants d'énergie individuels lorsque superposés l'un sur l'autre ne correspondent pas. L'énergie de l'animal domestique d'origine est une cheville carrée et l'autre est un trou rond. Cependant les deux sont dans le même puzzle/même famille/même groupe d'âme.

Quand vous examinez le modèle de l'identification d'un animal vivant ou décédé et vous suivez leur énergie dans le futur, si votre animal va se réincarner, ce que vous voyez est le modèle exact de l'énergie de l'animal d'origine répliqué dans un nouveau corps réincarné d'un animal domestique. Une image vaut plus que mille battements de cœur. ☺

Demandez-vous: Acceptez-vous les informations qui vous sont disponibles véridiquement ou accrochez-vous à des informations fabriquées ou fausses pour satisfaire votre chagrin ou désirs? Parfois en vous disant à vous-même «J'espère que je ne fais pas d'erreur» ce qui est la vraie réponse à votre question.

Qu'importe si votre animal domestique revient du Pont Arc-en-Ciel ou non, de toute façon, il n'a jamais cessé de vous aimer et n'a jamais quitté votre côté. L'amour de votre animal domestique est pour toujours.

I'm coming back to you
as soon as I can
from Rainbow Bridge!

La traduction: Je vais revenir vers toi du Pont Arc-en-Ciel aussitôt que je peux!

Confirmation: «Comment est-ce que je vais le reconnaître»?

Caractéristiques physiques

Les yeux: C'est **le miroir de l'âme!**
Regardez votre animal domestique dans les yeux, le miroir de son âme. Votre cœur le **reconnaîtra** et **ressentira** la connexion que vous partagez et avez partagé avec lui.

Le corps:
Les animaux vous présenteront toujours (ce que vous saurez uniquement) des
caractéristiques identifiables pendant les premières semaines de leur arrivée dans votre vie pour **assurer** que vous les reconnaissez.

Je préfère les oreilles pointues des femelles du chien Border Collie. Dans sa cinquième réincarnation, mon chien Friend avec le «B» sur les fesses est un male (avec beaucoup de tendances féminines) avec des oreilles pointues, moyennes de trois couleurs. Assez proche!☺ Surtout avec ce «blanc lumineux» sur les fesses identique à ma signature! Bonjour! Je l'ai reconnu!

Un samedi après-midi, une dame avait fortement envie de conduire à un refuge pour trouver un chien pour remplir le vide dans son cœur jusqu'à ce que son animal domestique bien aimé soit réincarné.

Quand elle et son mari sont arrivés dans le parking, la reconnaissance de son âme est entrée en jeu. Elle a vu un petit chiot qui ressemblait exactement à son animal domestique âgé. Il marchait en laisse en face du parking vers le refuge avec quelqu'un d'autre.

«Par Coïncidences», l'Univers avait prédisposé pour cette famille de mener le chiot réincarné au refuge à ce moment précis pour placer le chien pour adoption. Le moment précis est de la plus haute importance! Elle a immédiatement adopté son chien!

Votre animal peut ou ne peut pas avoir une marque spéciale comme ma signature sur les fesses (copie identique) comme dans « *I'm Home» (Je suis de Retour à la maison)*. Peut-être que vous pourrez obtenir sa description physique par un conseiller de AC ou AMIDI.

OUI, votre animal pourrait être en train de changer son apparence pour cette réincarnation particulière. Rappelez-vous que c'est son choix.

Acceptez seulement ce qui résonne avec vous!

Si quelqu'un vous dit que votre animal va revenir comme un écureuil aux oreilles tordues et vous ne le croyez pas, posez la question à votre animal. Et puis, suivez votre instinct! Après tout, vous êtes le parent! L'Univers fournira toutes les occasions pour vous faire savoir sa ressemblance.

La réunion et la connexion de votre cœur

Votre cœur reconnaîtra quand vous ferez la connexion. Ce sera comme une accolade douloureuse qui vous entoure entièrement. Votre animal va se lier avec vous presque tout de suite. Même s'il est un «walk-in» ou un soul braid,» (fusion de deux âmes), vous **saurez** que c'est votre animal comme il fait la transition de son esprit pendant qu'il s'adapte à son nouveau corps.

Un de mes clients l'a décrit le mieux. «Le moment que j'ai rencontré Star, mon cœur s'est arrêté de faire mal et mon désir de regarder les photos de mon vieux chien décédé s'est ralenti. Je me suis sentie complète à nouveau. Même qu'elle soit différente sur quelques niveaux, je me suis sentie toujours complète.»

Votre animal aura des attributs différents en plus des vieux autres d'origine!

Après tout, c'est une nouvelle vie pour essayer des choses nouvelles!

Votre animal vous choisira

Il vous choisira dans n'importe quelles circonstances. Il vous connaît sans aucun doute quand il vient vous chercher. Ce fait s'applique même s'il vit avec une autre personne avant de revenir dans votre vie.

Judy a rendu visite à son cousin et a été adoptée immédiatement par son chien Westie. Après le départ de Judy, le chien a beaucoup chagriné, ne voulait pas manger, etc. Le cousin de Judy lui a finalement donné Westie pour le bien être du chien. Loui a été heureusement réuni avec sa «personne» pour dix-sept ans de plus.

La personnalité, les comportements et les traits
Les habitudes bien aimées, quoique drôles, de votre animal domestique et ses manières physiques seront étrangement similaires au point de dormir au même endroit dans «cette position amusante,» en tournant leur tête ou en marchant avec la queue tenue d'une manière particulière.

Aimant et détestant la même nourriture (comme manger des glaçons,) ou aimant avoir son derrière, ses oreilles ou son ventre frotté ou mal à l'aise à la touche de ses pattes, ou quel que soit_____.

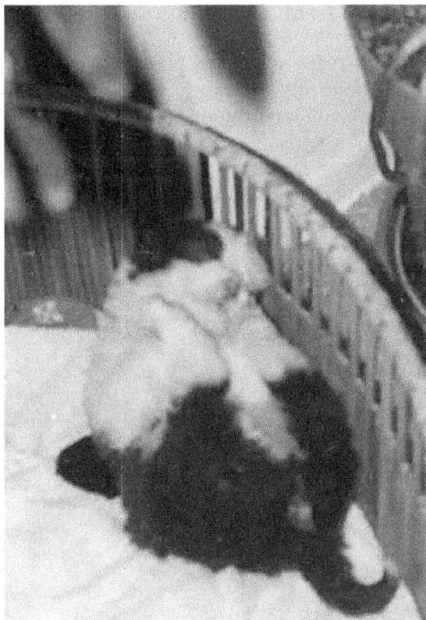

Les vieux traits et les nouvelles attitudes
Les «nouveaux animaux» agiront comme un adulte plus tôt que prévu et afficheront moins de comportements et d'attitudes de «bébé.»

Les comportements d'un animal «walk-in» ou un «over soul» seront les mêmes ou TRÈS similaires au début. Vous ressentirez très peu de doutes que c'est votre animal, votre compagnon bien aimé de retour pour toujours.

Lorsque votre animal domestique revient, il peut se réincarner avec un nouveau caractère que vous auriez espéré. Les animaux qui choisissent des vieux aussi bien que des nouveaux traits appropriés pour eux contribueront à votre avenir ensemble. En plus, il va choisir de nouveaux traits qu'il veut essayer au cours d'une nouvelle vie.

Mes chiens «précédents» ne se sont jamais adaptés aux enfants parce qu'ils ont vécu avec un adulte seul et n'ont jamais été exposés aux enfants.

Mon nouveau chien «Friend» est un «amant» pour les gens. Il attire tout le monde. Il pense qu'il est «humain». L'univers savait évidemment que ce serai un trait merveilleux pour sa «patte» pour les séances de dédicaces de livres, les apparences publiques pour les collections de fonds, le travail de la zoothérapie et les visites dans les établissements de soins de santé.

L'environnement

Les animaux réincarnés répondent immédiatement à toutes les «vieilles choses». Généralement, ils reconnaissent tous les vieux jouets, les lits, et les autres choses qu'ils avaient laissés.

Ils peuvent même reconnaître leur vieille maison!

L'histoire de Union Jack illustre comment un jeune chiot a essayé de sortir de la voiture quand il a reconnu son ancienne maison en chemin à la maison de sa nouvelle personne!

Les Animaux Domestiques
Les animaux domestiques actuels qui ont vécu avec l'animal décédé reconnaîtront la nouvelle âme immédiatement.
Certains réincarnés peuvent même avoir des rancunes, disputes et des goûts similaires avec le nouvel animal.

Friend s'est toujours bien entendu avec le chat Mikey; Cependant, il n'a jamais aimé «Ugly (laid), le plus beau de tous.» Ils ne s'entendent toujours pas bien. J'avais espéré que le Paradis aurait amélioré sa patience!

La traduction: Les animaux domestiques se rappellent de leurs amis d'une vie passée.

Les animaux domestiques répondent-ils à leur ancien nom ou une autre expression de leur vie passée?

J'ai entendu dire beaucoup d'histoires au sujet d'un nouvel animal qui répondait à son vieux nom. Il y en a qui le font et il y en a qui ne le font pas!

Alors que je choisissais un nouveau nom pour Friend, j'utilisais ma voix la plus douce pour lui dire «viens!» et pour lui lire des noms pour qu'il réponde. Mais Rien! Il n'arrêtait pas de s'éloigner et de jouer avec ses jouets et généralement de m'ignorer.

Alors j'ai dit à haute voix, «Peut-être que je devrais t'appeler Friend comme mon autre chien!» Il s'est levé immédiatement et est venu vers moi! Demandez à votre animal comment il veut s'appeler. Vous entendrez la réponse dans votre cœur.

Lorsque votre nouvel animal domestique répond à «de petits mots doux et des mots d'animaux», que votre boule de poils savait et vous saviez uniquement, c'est une autre manière de vous faire savoir «JE SUIS DE RETOUR A LA MAISON».

LA REUNION!

Peu importe où est l'énergie de votre animal domestique, qu'il soit réincarné ou non, votre compagnon bien aimé à ailettes, à poils, ou à plumes fera toujours partie de votre cœur pour toujours!!!

L'AMOUR EST ETERNEL!

Dans vos heures les plus sombres après la transition, Choisissez l'espoir!
Votre animal peut être juste autour du coin!

Bientôt, vous allez vous rendre compte que
«Je suis de retour à la maison»
La vie animale après la mort et la Réincarnation
C'EST REEL!!!

Demandez simplement à Friend, le chien avec le «B» sur les fesses!

WHATever it takes...
I'm coming back
from Rainbow Bridge
to be with YOU!

La traduction: Qu'importe ce que je dois faire...Je vais revenir du Pont Arc-en-Ciel Pour être avec TOI!

Après le retour de votre Animal Domestique!

In perfect timing, that moment arrives.

La traduction: Au moment propice, ce moment arrive.

Combien de temps est nécessaire pour s'adapter émotionnellement?

«Bien que je sache que c'est mon animal réincarné, parfois mon esprit est confus avec l'idée que son âme est dans ce nouveau corps. Je le regarde et je ne peux pas le croire, mais je sais que mon cœur se sent complet à nouveau.»

Votre animal s'enquêtera aussi de son nouvel environnement comme s'il était en train de se rappeler. C'est intéressant de le regarder comme il cherche et renifle le territoire d'une vie passée familière pour déterminer ce qui lui est familier. Il est en train d'examiner et de traiter cette nouvelle vie aussi bien vous.

«Parfois je me sens coupable et déloyal envers mon vieil animal en aimant ce nouveau corps. Est-ce normal?»
Parfaitement normal! Six mois sont nécessaires pour l'esprit humain et les sens pour comprendre et s'adapter à ce processus magnifique de la réincarnation.

Bien que votre Ame comprenne ce processus complètement, il y aura des moments, même des années plus tard, quand vous secouerez la tête en vous disant «ce n'est pas vrai». C'est si magnifique, incroyable et vrai!

Les traits des Animaux Domestiques Réincarnés Sont Intenses!

Vous pouvez voir qu'il y a une intensité palpable dans leurs yeux!

Leur énergie pour participer à la vie est immense, est en pleine vitesse, et ne finira jamais!

Leur comportement est tout à fait agrandi en comparaison au vieil animal!

Ils ont de nouvelles habitudes et de nouveaux traits de personnalité. Vous n'aurez jamais une copie exacte de votre vieil animal; ils ont besoin de nouvelles expériences pour leur évolution. Ils nous reviennent, non simplement pour nous seuls, mais aussi pour cultiver leurs âmes.

La seule chose qui est certaine est que «vous le/la reconnaîtrez et vous ressentirez que le lien que vous partagiez n'a pas changé.»

Questions du Public?
Comment un animal peut-il être votre compagnon d'âme (soul mate?)

Le dictionnaire définit un compagnon (d'âme) *(soul mate)* comme «deux êtres compatibles, un conforme à l'autre, dans la disposition, point de vue, ou de la sensibilité pour qui vous avez une affinité profonde».
 Certains croient qu'un compagnon (d'âme) (soul mate) est un être avec lequel nous avons partagé d'autres vies.

Voici deux descriptions magnifiques qui disent tout!

Un compagnon d'âme (soul mate) est:

«Quand nous nous sentons suffisamment en sécurité et nous pouvons agir ouvertement et pouvons être nous-mêmes, nous pouvons être aimés pour ce qu'on

est et non pas pour ce qu'on semble être. Chacun
dévoile la meilleure partie de l'autre. Peu importe ce
qui se passe mal autour de nous, nous sommes sains
et saufs avec cette seule personne dans notre propre
Paradis. Notre compagnon d'âme est quelqu'un qui
partage nos aspirations les plus profondes. Quand
nous sommes deux ballons et nous montons vers le
ciel ensemble et notre direction est en place, la
chance est que nous avons trouvé la bonne personne
qui nous est compatible. Notre compagnon d'âme est
celui/celle qui nous donne la vie réelle.» --Richard
Bach

«Un être avec qui nous nous sentons profondément
liés, comme si la communication et la communion qui
ont lieu entre nous n'étaient pas le fruit d'efforts
intentionnels mais plutôt une grâce divine. Ce type de
lien entre deux êtres est si important pour l'âme que
beaucoup ont dit qu'il n'y a rien de plus précieux dans
la vie.» --Thomas Moore

Peut-on avoir plus d'un compagnon d'âme?
OUI!!! Un compagnon d'âme est une partie de tout ce
que vous êtes. C'est pourquoi vous pouvez en avoir
plusieurs. Cependant, vous ne pouvez avoir qu'une
qui est votre copie conforme, l'autre moitié de votre
âme!

*Someday my Twin Flame
will return from Rainbow Bridge!*

La traduction: Un jour mon jumeau identique
retournera du Pont Arc-en-Ciel!

Est-ce qu'un autre animal peut être le jumeau identique (my Pet's Twin Flame) de mon animal domestique?
OUI! Tout comme les êtres humains, les animaux peuvent aussi avoir des jumeaux/jumelles identiques. Les chiens de Diane, Starlight et Buddy sont des exemples parfaits.

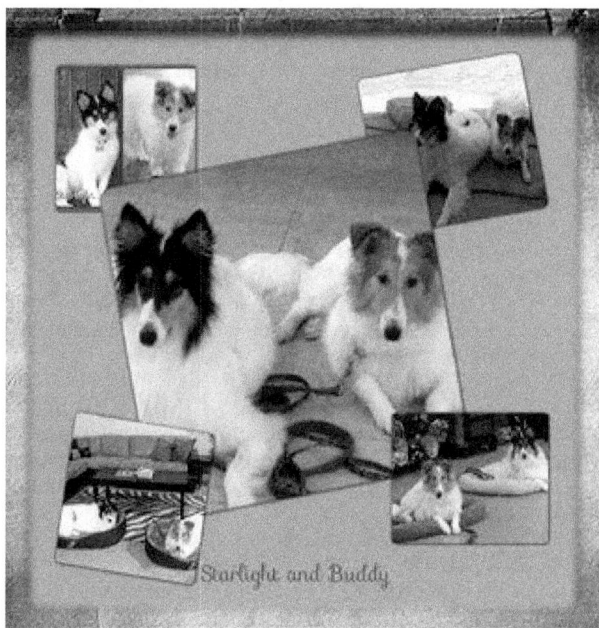

Starlight and Buddy

Mon cœur me dit qu'il est toujours ici. Voulez-vous bien lui dire que je l'aime et qu'il me manque beaucoup et que j'anticipe le revoir encore bientôt!
VOUS pouvez dire à votre animal domestique que vous l'aimez et qu'il vous manque. Il ne vous a JAMAIS quitté et n'a jamais cessé de vous aimer. Il a simplement changé de forme et peut toujours entendre chaque mot et pensée que vous avez.

Est-ce que les animaux ont des expériences proches de la mort.
Oui. Les animaux peuvent avoir des expériences de mort manquée quand ils choisissent de ne pas utiliser ce point de sortie spécifique de transition. Ils choisissent plutôt de visiter l'autre côté et de revenir.

Qui prend la décision pour que l'animal revienne?
La réincarnation est un contrat libre entre votre âme et celle de votre animal domestique. L'Univers respecte vos choix.

Est-ce que la façon de mourir pour les animaux est déjà choisie?
Oui! Votre animal domestique choisit le moment le mieux approprié pour son point de sortie pour quitter la Terre. Avant cette incarnation, vous avez TOUS LES DEUX choisi ce qui va se produire. C'est pourquoi vous comprenez et savez dans votre âme «que c'est le moment propice».

Si les points de sortie sont déjà déterminés, pourquoi nos animaux planifieraient-ils, dans certains ou nombreux cas, une mort longue et douloureuse.
Le processus de la mort est une occasion d'APPRENTISSAGE pour vous deux! C'est peut-être pour vous apprendre à endurer le processus de la vie. Il faut toujours chercher la possibilité d'apprentissage ce qui est TOUT dans la vie.

Quand Mike est mort pour activer le but de mon âme, je pleurais. De l'autre côté il a dit: «J'ai fait le plus dur en prenant le volant dans ma poitrine, alors prend la vie en main et utilise les dons que ma mort a éveillé en toi!». C'est ce que j'ai fait.

Cherchez ce que vous pouvez faire pour bénéficier les autres en utilisant ce que vous avez appris entourant une mort que vous avez vécue. Concentrez-vous sur le bien, non pas sur l'horrible. Evoluez au-delà des circonstances. Après tout, LA VIE est au sujet de changer et d'évoluer.

Je me sens coupable des circonstances entourant la mort de mon animal domestique. Est-ce que mes sentiments affectent sa réincarnation?
Non! Tous les événements et les circonstances étaient exactement comme ils devraient être pour le plus grand bien de tous ceux qui participent. Cependant, la culpabilité et la colère affecteront et dilueront votre connexion avec lui pendant qu'il est de l'autre côté des voiles.

Vous ne me connaissez pas, vous n'êtes pas du même endroit, n'avez pas rencontré mon animal, n'avez pas vu ou touché ses effets. Comment pouvez-vous lire l'énergie de mon animal?
Chaque être vivant a un diagramme avec une fréquence de vibration unique comme la syntonie de chaque station de radio.

La localisation d'un animal ou toute autre forme d'énergie est comparable au réglage d'une station de radio spécifique au sein de l'Univers. Toutefois, le praticien intuitif doit avoir la capacité de recevoir et de traduire l'énergie de la bande passante de l'énergie animale qu'il recherche afin de pouvoir lire, interpréter, et vous fournir des informations correctes.

His Soul is **always** by your side.

La traduction: Son âme est toujours à votre côté.

La plupart des praticiens utilisent leur capacité psychique pour obtenir des impressions et des sentiments au sujet de votre animal, puis les traduisent en information. La force de leur signal détermine leur précision.

Quand je syntonise avec la force d'énergie d'un animal ou d'un être humain, j'en tire mon information à partir de ce que je vois. Donc, les effets personnels ou l'endroit ne sont pas nécessaires.

Pourquoi certains praticiens d'animaux ne peuvent pas déterminer si mon animal domestique va revenir?
La personne qui lit «l'énergie» que ce soit un praticien psychique, un medium, un clairvoyant, un intuitif ou autre ne peut seulement «syntoniser» télépathiquement la fréquence de vibration d'une personne ou d'un animal qu'il est **capable** de «recevoir».

Chaque praticien intuitif *offre une gamme de bande passante spécifique de vibration à partir de laquelle il est en mesure de recevoir et de recueillir de l'information.* Par exemple, si votre lecteur n'est pas en mesure de syntoniser avec la station AM 100-Fido Station, alors il ne reçoit pas la même information qu'un autre praticien qui peut capter la fréquence de votre animal domestique.

Aucune lecture (séance) n'est plus ou moins importante qu'une autre. C'est la même chose pour les êtres humains. Certains praticiens sont magnifiques parce qu'ils syntonisent avec votre station et vous donne une lecture merveilleuse. D'autres ne peuvent pas fournir une bonne lecture parce qu'ils n'ont pas la capacité de brancher sur la fréquence de votre station de radio.

Pourquoi les différents praticiens intuitifs d'animaux me donnent des informations et des détails contradictoires?
Comme indiqué précédemment, chaque communicateur/praticien a la possibilité d'obtenir certaines informations à partir des canaux d'énergie qui sont à sa disposition. Les lectures varient parce que vous avez trouvé des informations de psychiques qui se connectent à des niveaux différents et des quantités différentes d'énergie de votre animal. Chaque connexion de niveau d'énergie fournit SEULEMENT une quantité spécifique d'information. Le plus de niveaux avec lesquels un lecteur peut se connecter, le plus de détails et d'information précis vous pouvez obtenir.

Qu'est-ce qu'une (séance intuitive) AMIDI?
ARC /AMIDI est l'abréviation pour Animal Médical Intuitive Diagnostic Imaging™. Un praticien AMIDI est certifié en deux processus:
Un praticien médical intuitif est formé pour voir à l'intérieur du corps d'un animal afin de diagnostiquer les problèmes de santé actuels et déterminer les problèmes prochains.

Un praticien **AMIDI** peut suivre l'énergie passée de votre animal, voir son énergie actuelle et suivre sa force d'énergie de vie à travers les royaumes à venir, ce qui détermine si et quand votre animal domestique va se réincarner. Et en regardant cette énergie, il peut aussi décrire à qui votre nouvel animal domestique va ressembler.

Ce qu'ils voient est ce que vous recevez! Pas d'attente pour une date ultérieure. Les praticiens AMIDI peuvent voir le passé aussi bien que le futur tout à la même fois. Tout simplement, ce qu'un AMIDI voit est l'information que vous recevez. Comme on le dit, «montrez-moi» et «une image vaut mieux que des mots»!

Quelle est la différence entre l'énergie humaine et l'énergie animale?

Tous les êtres humains, les animaux, les pierres, les arbres, les fleurs, l'eau, tous ont une gamme d'énergie spécifique ou une gamme de fréquence électromagnétique vibratoire.

Une fréquence humaine en bonne santé possède une gamme d'énergie 68-72 MHz. Pour info, (FYI) chaque organe de votre corps a une identité vibratoire spécifique. La médecine vibratoire aborde et corrige les schémas énergétiques malsains pour résoudre les problèmes de santé. Il y a des informations supplémentaires sur l'Internet si vous êtes intéressé.

La fréquence d'énergie animale vibre à un niveau MHz plus inférieur que le niveau humain. Cela ne les rend pas moins qu'un être humain. Ils ont simplement un modèle de fréquence d'énergie plus faible.

A quoi l'énergie d'un animal (walk-in) ressemble-t-elle?

Quand vous regardez l'énergie de la force de vie d'un animal et vous la suivez à travers la frontière de la mort et la voyez se remonter en forme de cierge magique, alors l'énergie d'un (walk-in) fait un demi-tour complet et s'en va vers la frontière de la mort et entre dans l'énergie future. Pourquoi? Parce que le corps de l'hôte est de retour dans l'environnement d'avant la mort de l'animal précédent. C'est très intéressant à observer! Alors, le praticien décrira le corps que l'âme a habité afin de vous faire savoir «où votre animal s'est en allé». ☺

Qu'est-ce qui arrive aux animaux laissés dans des fourrières ou des refuges? Est-ce qu'ils se réincarnent?

Le lieu ne détermine pas ou affecte tout arrangement spirituel. Tout animal peut créer n'importe quel contrat d'âme pour se réincarner si c'est un choix mutuel avec un individu ou une incarnation singulière qui fait partie du chemin de l'âme de l'animal.

Est-ce que les chiens guides se réincarnent?

La réincarnation est le choix de chaque animal.

Est-ce que les animaux qui sont de l'autre côté éduquent et dirigent les animaux sur Terre?

Oui! C'est ce qu'on appelle une «âme en accord» (over soul) agreement. L'animal décédé dirige et oriente l'animal vivant du Paradis sur «ce qu'il faut faire» et «comment se comporter» sur Terre.

Certains animaux de l'autre côté aident les animaux domestiques pendant le processus de la mort et de la transition, y compris après avoir traversé le pont Arc-en-Ciel.

Est-ce que les esprits d'animaux domestiques visitent la Terre et agissent réciproquement avec les animaux qu'ils ont déjà connus?

Oui! Les animaux vivent selon leurs instincts passionnés. Ils sont **très** conscients des énergies et des entités de l'autre côté des voiles. Souvent, votre animal domestique sur Terre continuera à «jouer» ou à interagir avec l'énergie de vie de l'animal décédé. Il peut grogner à un ami imaginaire à côté du bol à manger, ou il bat la patte d'un ami de jeu en plein air.

> *Trust!*
> *When your Pet Returns from Rainbow Bridge*
> *They WILL find YOU!*

La traduction: AYEZ CONFIANCE!
Lorsque votre animal retournera du Pont Arc-en-Ciel
IL VOUS RETROUVERA!

Lorsque les animaux domestiques vivants jouent avec l'énergie des animaux décédés, est-ce que c'est un signe que l'animal va se
NON! C'est simplement un signe que les animaux sont très conscients de «tout ce qui existe»

Est-ce que les difficultés physiques que mon animal domestique a connues avant la mort mettent fin à sa réincarnation dans cette vie?
Tous les événements de la mort sont des choix de points de sortie faits par les animaux et les humains impliqués. Chaque scénario de mort est une occasion d'apprentissage pour leurs âmes.

Si l'animal choisit d'attendre une réincarnation plus tard, c'est une exception. Quoi qu'il en soit, l'accord spirituel entre vous deux doît être rempli à un moment donné dans l'éternité.

J'ai perdu mon emploi et mon animal domestique. Est-ce qu'elle comprend ma situation? Puis-je lui demander de ne pas se réincarner?
Elle VOUS comprend et vos besoins parce que votre cœur et le sien sont reliés. Si c'est dans votre plus grand et meilleur bien ou une occasion

d'apprentissage, l'Univers vous proposera des choix pour ce qui est mieux pour vous deux. Le retour de votre animal et l'accord sont basés sur le partage du voyage de la vie **ensemble.** Vous pouvez demander un changement d'incarnations, mais c'est SON choix de répondre à votre demande.

Est-ce que les esprits d'animaux domestiques visitent la Terre et agissent réciproquement avec les animaux qu'ils ont déjà connus?
Oui! A mon avis, ils se souviennent de leur vie passée; c'est pourquoi ils vous reconnaissent.

Je partage la garde d'un animal domestique. Est-ce qu'il va se réincarner à moi?
L'animal se réincarnera à la personne avec qui il partage un contrat spirituel.

I'm ALWAYS watching over you because my Love is NEVER ending!

La traduction: Je vous protège toujours parce que mon amour est pour toujours!

Mon animal domestique se réincarnera-t-il à une autre personne?

Non! N'importe quel contrat est un contrat d'âme d'une à une avec une personne spécifique – vous-même. Les animaux domestiques ne se réincarnent pas à d'autres personnes.

Si un animal domestique décide de retourner à l'école de la Terre pour la seule évolution d'une âme, cela n'affecte pas tout contrat rempli ou non que vous partagez tous les deux. Il erra simplement sur Terre pour apprendre ses leçons et il n'aura pas ce lien de cœur avec n'importe qui. C'est comme si aller en classe, mais en n'aimant pas le professeur.

La plupart des gens ont vécu l'expérience d'avoir un animal domestique magnifique, mais la connexion d'âme n'existait pas. C'est lorsque l'animal suit son propre chemin d'apprentissage et n'est pas dans une vie avec un contrat de réincarnation.

Est-il possible pour quelque chose d'échouer quand un animal se réincarne?

Seulement votre choix libre et celui de votre animal pourraient affecter le processus de la réincarnation. Souvent un propriétaire d'animal en deuil demandera à l'animal de retourner avant le «moment précis» universel. Si l'animal choisit d'honorer la demande des parents de l'animal, la plupart du temps les conséquences ne sont pas désirables à cause des problèmes de santé ou la durée de vie sur Terre.

Comme il n'y a pas de coïncidences, le parent de l'animal généralement apprend de cette réincarnation précipitée d'avoir confiance que tout le temps de l'Univers est toujours parfait! Malheureusement, c'est possible qu'ils ne soient pas réunis dans cette vie!

De demander à votre animal domestique «de faire quelque chose» qui n'est pas dans le contrat que vous avez fait ensemble peut ralentir son énergie.

Est-ce que vous conduisez toujours des séances privées?

Oui! J'aime beaucoup faire connaissance des animaux domestiques et de leurs maîtres reconnecter leurs cœurs, et EN PLUS, j'apprends quelque chose de nouveau pendant chaque séance.

Est-ce que vous enseignez des cours?

Oui! La communication sur la réincarnation animale. J'enseigne aussi **La Médecine Animale et le Diagnostic Intuitif-AMIDI** (Comment voir à L'intérieur du corps d'un animal)

ARC™
certified
Animal Life after Death &
Reincarnation Communicator

La traduction: A R C™ Certifiée La vie Animale Après la Mort & practicienne sur la Réincarnation

Intuitive Médicale pour les Animaux
AMIDI pour les Animaux et les Vétérinaires
Comment Voir à l'intérieur du Corps d'un Animal
Pour Diagnostiquer des Probèmes de Santé

Si je clone mon animal domestique, est-ce qu'il aura l'âme de mon animal d'origine?

Le clonage ne garantit PAS que le nouveau corps aura la même âme que l'animal d'origine. Si votre animal a contracté de revenir, il peut ou ne peut pas choisir d'utiliser le clonage comme son nouveau véhicule.

Pouvez-vous voir si c'est l'énergie de mon animal domestique si elle est encore dans l'utérus?

Oui! Je vois l'énergie dans le corps de la mère.

Quand est-ce que l'énergie d'un animal entre-t-elle dans le nouveau corps?

C'est déterminé par l'accord d'âme que vous avez fait avec votre animal. Si c'est un (walk-in), la transition est immédiate. Si c'est un (Soul-braid) (fusion de deux âmes), la transition et le recalage prend du temps sur plusieurs semaines. Un nouveau corps arrive quand le fœtus est en train de se former.

Quelle est la différence entre le travail d'un practicien intuitif traditionnel, et votre travail ?
Contrairement aux practiciens qui «parlent» aux animaux en utilisant la télépathie à travers des impressions mentales, je regarde, je vois et j'ai une conversation avec l'Esprit réel de l'animal. J'interview et je parle avec eux face à face et non pas à travers des impressions télépathiques.

Que faites-vous pendant une séance?
(Nous avons un vidéo sur YouTube et une émission de radio sur le sujet de la Vie Animale.)

Je demande à l'animal de me donner trois signes que le client reconnaîtra de façon à savoir positivement que nous sommes connectés à l'animal en question.

Et puis, Je regarde l'Esprit de l'animal pour commencer notre interview et conversation.

Je demande s'ils ont eu des vies passées avec leur maître. Je vois visuellement chacune de ces vies que je décris au client.

Alors, on discute la transition. Je regarde les organes à l'intérieur du corps de l'animal et je détermine comment ils sont morts, s'ils souffraient et toute autre information entourant la mort que le client voudrait discuter.

Après avoir vu l'énergie traverser la ligne de la mort, je leur demande s'ils vont se réincarner, dans combien de temps, quel âge ils auront quand ils vont arriver et à quel endroit.

S'ils retournent, j'observe l'animal comme il se reformule dans un futur être physique et je décris le nouveau corps et ses caractéristiques pour que le client puisse identifier leur nouvel animal domestique réincarné.

S'ils ne se réincarnent pas, je demande à l''animal décédé, Pourquoi? Pour que le client puisse comprendre la cause de la mort et le but qu'elle a servi dans leur vie.

Je regarde le modèle de l'énergie magnétique de la force de vie de l'animal.

Et puis, je regarde le modèle de la force d'énergie à l'intérieur du corps du nouvel animal. Je fais une comparaison des deux modèles d'énergie. Si l'énergie de chaque âme est le même exacte modèle d'énergie, c'est un «animal réincarné».

another Journey,
in the Eternal Cycle of Life!

La traduction: Une autre Journée,
Dans le cycle éternel de la vie

J'ai castré mon chien. Il s'est sauvé et il n'est pas revenu. Est-ce que cela peut affecter sa réincarnation vers moi?
Non! Un contrat spirituel est basé sur un contrat d'une âme à l'autre, non pas sur un processus médical.

Mon chien a été perdu. Est-ce que cela affecte sa réincarnation?
Même si vous avez «perdu» votre animal domestique, le script a été pré- planifié. La manière dont votre animal domestique a choisi de quitter votre vie n'aura aucune conséquence sur les contrats précédents.
Si je sais que mon animal est en train de se réincarner, devrais-je abandonner le processus de deuil tout à fait?

Non! Les étapes de deuil sont une réaction normale et avantageuse à la perte et fait partie de l'émotion humaine de l'évolution du trajet de retour.

Est-ce possible pour l'énergie de l'âme d'un animal d'habiter plusieurs animaux en même temps et de se réincarner simultanément dans des corps différents?
Non! Dans mes recherches, Je n'ai PAS trouvé que cela soit vrai selon les lois de la physique et de l'énergie.

Pour être vivant et en bonne santé, un corps physique DOIT AVOIR et doit maintenir une certaine fréquence vibratoire (MHz) pour soutenir un être biologique sain.

Si on divise le total de la force de vie d'une âme en plusieurs segments, la fréquence de chaque segment serait réduite pour cette division. «L'âme complète» d'origine main-tiendrait une certaine vibration spécifique saine pour rester en vie. Alors, chaque segment de la fraction complète ne serait pas capable de supporter la vie d'un corps sur Terre à cause de sa vibration réduite.

C'est un concept magnifique dans une «pensée psychique,» mais en termes physiques d'énergie réelle, c'est une proposition mortelle!

«Les vies parallèles» sont un bon concept mais pas pour vivre sur Terre et maintenir l'existence. C'est pourquoi les personnes qui tentent de quitter leur corps ou de se téléporter deviennent souvent très malades! L'énergie physique est l'énergie qui ne peut pas être modifiée au-delà d'une certaine fréquence ou c'est la mort!

La traduction: Vous voulez que je revienne comme quoi??? à ma nouvelle réincarnation...

C'est aussi la raison pourquoi qu'à un certain niveau biologique, une personne ne peut PAS régénérer d'une maladie. Lorsque l'énergie vibratoire physique s'abaisse à un certain niveau dans le boîtier de l'âme –cette âme –l'esprit - se retire ce qui signifie que la mort se produit.

Il y a certaines personnes dont l'esprit a voyagé pour si longtemps à l'extérieur de leurs corps (ne sachant pas de ne pas le laisser sans fréquence vivante) que quand ils sont revenus, les fonctions vitales de leurs corps ont fermé leurs portes et leurs corps sont morts!

Les âmes peuvent être tout partout dans tout «ce qui existe», mais pas dans un corps sur Terre!

Si je congèle le corps de mon animal domestique pour le taxidermiste, est-ce que cela affectera sa réincarnation?

Non! Cependant vous devez mener son corps chez le taxidermiste le plus tôt possible afin que les bactéries ne détruisent pas les tissus de l'organisme et aussi pour ne pas infecter votre congélateur.

Pouvez-vous voir si un animal VIVANT est réincarné ou se réincarnera?

Oui! Pendant une séance, je regarde et je suis l'énergie passée d'un animal domestique pour déterminer quand et s'il a vécu avec vous dans la vie passée. Ou je regarde vers l'avenir pour voir s'il va se réincarner pour être avec vous à nouveau!

All sadness is gone...

Your heart is whole again!!

La traduction: Toute tristesse est oubliée...
Votre cœur est à nouveau complet!!

Nos livres de Compagnie avec de vraies histoires de réincarnation!

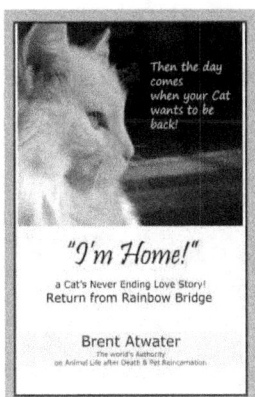

"I'm Home!"

a Cat's Never Ending Love Story!
Return from Rainbow Bridge

Brent Atwater
The world's Authority
on Animal Life after Death & Pet Reincarnation

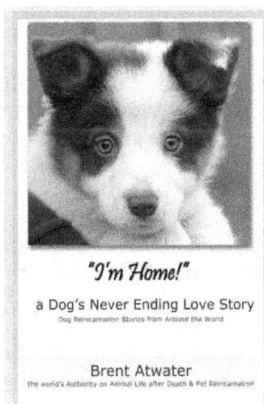

"I'm Home!"

a Dog's Never Ending Love Story
Dog Reincarnation Stories from Around the World

Brent Atwater
the world's Authority on Animal Life after Death & Pet Reincarnation

Ressources pour la Vie Animale après la Mort et la Réincarnation des Animaux Domestiques

Facebook:
Le Groupe de Soutien pour la mort des animaux
- Posez des questions à la première dans le monde pour la perte des animaux et le Groupe de la Réincarnation.

Blog: http://petreincarnation.blogspot.com
Partagez vos histoires s'il vous plait, et appréciez Brent Atwater -The Animal Medium™ (Clairvoyante) «La Perte des Animaux Domestiques» sur Facebook.
Les ateliers, les événements, et les Chat Rooms sont annoncés sur la Page de Brent Atwater pour la perte des animaux.
https://www.facebook.com/#!/Petsloss

Evénements: Si vous avez une proposition d'événements spéciaux à nous soumettre dans votre communauté, envoyez-nous un email!

Bulletin: Sur la Vie Animale après la Mort et la Communication Animale.

Emission de Radio: «A nouveau en vie» sur
www.PetLifeRadio.com show.

YouTube avec Brent Atwater

**Les poèmes du retour du Pont Arc-en-Ciel et les
vidéos** sur **www.justplainlovebooks.com** and
Brent Atwater sur **YouTube.**

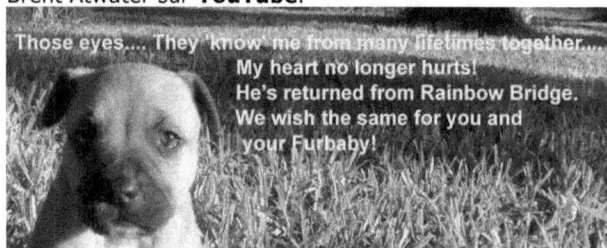

Those eyes.... They 'know' me from many lifetimes together...
My heart no longer hurts!
He's returned from Rainbow Bridge.
We wish the same for you and
your Furbaby!

La traduction: Ces yeux...Ils me connaissent après
beaucoup de vies ensemble... Mon cœur ne me fait
plus mal! Il est revenu du Pont Arc-en-Ciel. Nous
vous souhaitons la même chose aussi bien qu'à votre
petite boule de poils.

**Bracelet Commémoratif du Pont Arc-en-Ciel:
Fêtez** avec un bracelet de réincarnation gravé: **Mon
amour est pour toujours. Je vais revenir vers
toi!**™ qui peut être trouvé sur nos sites Internet.

My Love is Never Ending!

Les cartes de la Vie Animale Après la Mort:
Citations et cartes inspirées qui vous aident sur le
chemin de la guérison après la perte d'un animal
domestique

Le Retour du Pont Arc-en-Ciel!
S'il vous plaît, partagez votre prise de conscience
pour aider à guérir les cœurs brisés!

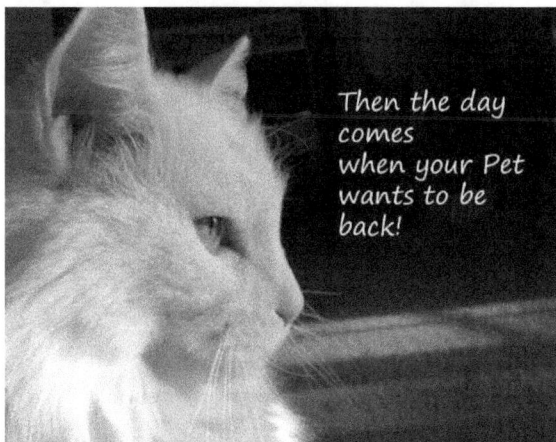

Then the day comes when your Pet wants to be back!

La traduction: Et alors le jour arrive quand votre
animal veut revenir!

VIDEOS: Le Retour du Pont Arc-en-Ciel
En 10+ langues sur:
http://www.youtube.com/user/BrentAtwater

Believe in your Pet's
Return from Rainbow Bridge

La traduction: Croyez au retour de votre animal
domestique du Pont Arc-en-Ciel

POEMES: Le Retour du Pont Arc-en-Ciel:
Téléchargez et imprimez dans votre propre langue
sur: **www.justplainlovebooks.com**

Retour du Pont Arc-en-Ciel sur Facebook:
S'il vous plaît, appréciez et partagez avec vos amis:
Répandez l'amour et votre prise de conscience!

Les Commémoratifs du Retour du Pont Arc-en-Ciel
Lorsque votre animal domestique revient «à la
maison», nous allons créer un commémoratif du
Retour du Pont Arc-en-Ciel certifié et vous
présenterons sur Facebook dans votre propre langue.
Voici quelques exemples en plusieurs langues.

Retour du Paradis des Animaux

L'Espoir Mondial et la Guérison pour la Perte des Animaux Domestiques!™

Transformer un cœur brisé en joie!

L'espoir Mondial et la Guérison pour la Perte des Animaux!™ - Initiative «Transformer un Cœur Brisé en Joie!» a été lancé par Brent Atwater pour enflammer l'espoir et accroître la prise de conscience pour les personnes qui souffrent de la mort dévastatrice d'un animal. Les décennies de recherche de Mme Atwater sur la vie animale après la mort d'un animal et la réincarnation et ses questions et réponses sur les émissions de radio ont allumé la nécessité extraordinaire des perspectives au-delà des points de vue actuels de soutien pour la perte des animaux domestiques.

Mme Atwater déclare que, «les recherches ont prouvé que les animaux domestiques sont une partie intime de la plupart des familles et une addition avantageuse pour la santé et la vie des gens. La mort et la réincarnation des animaux sont une partie en cours du cycle de la vie. La nécessité n'a jamais été si importante qu'elle ne l'est pour adresser le côté positif de la perte d'un animal pour le bien être d'une personne.

Nous devons agrandir la prise de conscience au sujet de la vie animale après la mort et la réincarnation pour réconforter et réduire la souffrance émotionnelle pendant la période de deuil et allumer l'espoir en offrant une perspective de guérison spirituelle qui arrête la perpétuation du chagrin attaché à l'idée que «mon animal est parti pour toujours.»

Qu'est-ce qu'un Conseiller pour l'Espoir des Animaux™?

Les conseillers actuels et le processus «d'endurer la perte d'un animal domestique» se concentrent sur le deuil, les condoléances, et les commémoratifs. (Animal Hope Counselors™), les Conseillers d'Espoir se concentrent sur les perspectives qui enflamment l'espoir.

La perception que la perte d'un animal est permanente est une prise de conscience limitée lorsqu'il s'agit d'options de deuil. (Animal Hope Counselors™), les Conseillers d'Espoir pour la perte des animaux concentrent leur attention sur une prise de conscience plus agrandie ce qui comprend une nouvelle vie à travers la réincarnation animale. C'est une croyance qui existe depuis 1200 BC et l'ère Egyptienne qui est embrassée par la plupart des religions anciennes et plus importante du monde.

(AHCs) Les Conseillers d'Espoir pour la Perte des Animaux utilisent les techniques traditionnelles de deuil en plus d'apporter une prise de conscience de la mort qui éclaire le lien intégral et les accords spirituels de la communication animale et des contrats d'âme en cours.

Qu'est-ce qu'un Ambassadeur d'Espoir pour la Perte des Animaux Domestiques?

La perte d'un animal domestique est une expérience touchante qui brise le cœur au-delà de tout autre. C'est compréhensible psychologiquement d'adresser et de supporter la détresse émotionnelle d'une personne après la mort d'un animal domestique avec des conseillers formés en thérapie et techniques professionnelles.

C'est malsain d'embrasser une attitude de «rétablissement» qui ne repose que sur le deuil comme le seul objectif en décourageant ou en ne présentant pas d'autres alternatives ou opinions pour considération.

L'atmosphère prédominant d'un soutien pour la perte d'un animal est celui de travailler à travers les émotions et la douleur. C'est plus une question de récupération plutôt que l'autonomisation des découvertes! Les conseillers de deuil semblent concentrer leurs efforts sur la thérapie de «récupération et de guérison».

(Pet Ambassadors of Hope,) les Conseillers d'Espoir™ offrent des sources pédagogiques pour contempler et revitaliser les expériences personnelles qui invitent, encouragent et soutiennent une personne à s'interroger sur leurs perspectives actuelles et d'envisager une plus grande prise de conscience.

Les Ambassadeurs d'Espoir, les groupes de soutien pour la perte des animaux, existent en plusieurs formes. Le maître qui a connu la joie de la réincarnation et vit avec son animal domestique réincarné est au plus haut niveau. Cette personne a vécu à travers toutes les étapes de la transition de son animal au Pont Arc-en-Ciel, le «Suis-je fou»? et la question de soi-même, la recherche incessante de la reconnexion, et puis la réunion avec l'âme de son chien, au moment propice, sous les coïncidences Universelles.

Le long de leur chemin, vers une conscience élargie et plus élevée, la plupart des Ambassadeurs d'Espoir ont connu des chagrins personnels. Ils ont pataugé à travers la pression d'individus ignorants qui ont critiqué ce que leur cœur et leur âme croyaient être vrai et que la mort n'est pas la fin de l'amour.

Un ingrédient clé d'un Ambassadeur d'Espoir pour les Animaux est une approche positive qui considère la transition au Pont Arc-en-Ciel comme la réunion avec votre compagnon animal.

Un Ambassadeur d'Espoir pour la perte des animaux n'est pas seulement une désignation accordée qu'à une personne. Toute entreprise, institution, 501 (c) organisation, établissement pédagogique ou de santé, librairie, centre de bien être ou spirituel, vétérinaire, refuges pour les sans- logis et pour les animaux et beaucoup d'autres peuvent choisir d'aborder la mort d'une façon positive qui enflamme l'espoir avec la guérison. Il s'agit d'une entente ou croyance qui embrasse que la réincarnation est une vérité revitalisante que l'amour d'un animal domestique est une histoire d'amour qui ne finit JAMAIS!

... watching over you.

La traduction: Je vous protège.

Message aux Cercles Littéraires, Magasins, Associations et Organisations professionnelles

Mme Atwater serait ravie de parler avec votre groupe au téléphone ou d'organiser une présentation.
S'il vous plaît
Envoyez-nous nous un email sur
Brent@BrentAtwater.com
BrentAtwater@live.com

Brent Atwater

Communication animale qui guérit votre coeur!
L'autorité sur la Vie Animale après la Mort et la
Réincarnation; Pionnière et Fondatrice – AMIDI, La
Médecine Animale et Diagnostic Intuitif™

Mme Atwater et «Friend», le chien avec un «B» sur
les fesses, sont les experts mondiaux sur la mort des
animaux et la réincarnation animale.

Mme Atwater possède le don extraordinaire de voir à
l'intérieur d'un corps et de diagnostiquer avec
précision les problèmes actuels et futurs. A l'âge de
cinq ans, les talents de Brent ont été découverts par

Dr. J. B. Rhine à l'Université de Duke en Caroline du
Nord, le fondateur de la télépathie (ESP) au cours de
ses enquêtes initiales.

Les capacités de la pratique intuitive médicale
spécialisée de Brent lui ont valu le surnom de «IRM
humain (Human MRI)». Sa pratique intuitive

médicale est très respectée, basée sur des preuves et sur des études de cas documentés et publiés. Brent peut voir les organes du corps, les nerfs, les os, les tissus de l'organisme à l'intérieur de votre corps, et en plus, elle peut diagnostiquer et prévoir les événements futurs. Donc, Mme Atwater peut déterminer si et quand votre animal va se réincarner et à qui ou à quoi il va ressembler.

Les capacités et le travail de guérison de Brent pour la régénération des nerfs et vertèbres de la moelle épinière de son chien ont été documentés par l'Ecole de Médecine Vétérinaire de NC State à Raleigh, en Caroline du Nord. Elle a été conférencière et a enseigné à l'Association de l'Ecole de Médecine Vétérinaire en Caroline du Nord (NC State) et a aussi enseigné à «The Open Center» à New York.   Pour des décades, Mme Atwater a été la pionnière et a fondé AMIDI,   Le Centre de l'Image par Résonance Magnétique (IRM) pour les animaux.™ Ses livres de Diagnostic Intuitif Médical MIDI et AMIDI sont des ressources révolutionnaires pour les sciences de l'intuition médicale pour soigner les animaux avec la médecine énergétique et intégrée.

En 1987, Brent a fondé la Fondation Bienfaitrice des *Simples Livres d'Amour.*® Après ses études à l'Ecole de Droit et la mort de son fiancé, Brent a reconcentré sa carrière pour aider les animaux et leurs personnes. Mme Atwater est l'auteur de dix *Simples Livres d'Amour* et avec beaucoup plus à suivre.

Mme Atwater a consacré des décennies sur la recherche de la vie animale après la mort, la réincarnation animale et les contrats spirituels des humains avec leurs animaux qui ont produit plusieurs livres dont les titres ont été traduits dans d'autres langues.

Brent est une vraie amoureuse d'animaux qui nous offre le bénéfice de ses talents incroyables et sa passion pour aider à guérir et à élever les conditions de vie des animaux domestiques et leurs maîtres. Sa mission est d'enflammer l'espoir et la guérison après la perte d'un animal domestique et en outre, d'activer and d'autonomiser les capacités et les talents de chaque personne.

Mme Atwater est aussi la pionnière dans l'art de guérison médicale en documentant scientifiquement l'énergie de guérison, ses capacités de diagnostic et les avantages de la guérison dans ses Peintures *pour la Guérison®*,
Elle est l'une des peintres Américains contemporains qui offre une nouvelle renaissance culturelle en mélangeant sa formation artistique avec la spiritualité et l'énergie infusées dans son art de la guérison.

Les *Simples Livres d'Amour* de Brent Atwater, ses émissions de radio hebdomadaires, ses podcasts et blogs, ses ateliers participatifs, son public vivifiant et stimulant avec des démonstrations impressionnantes, ses séminaires optimistes, ses tournées de conférence, ses présentations et consultations apportent des résultats démonstratifs et positifs.

«Friend» est le co-animateur des spectacles sur La Vie Animale après la Mort et la Réincarnation.
C'est un chien Border Collie à trois couleurs différentes. Friend croit que sa mission est d'agrandir la sensibilisation au sujet de la réincarnation pour aider à guérir les cœurs brisés.

Quand il n'aide pas Brent avec des dédicaces de pattes, ou à organiser des événements pour amasser des fonds pour les animaux domestiques ou à pratiquer des câlins et des bisous pour son travail de thérapie, Friend aime être gâté, abattre les poissons et les tortues dans l'étang et jouer avec son petit «Monsieur Ours.»

Rejoignez La Communauté Globale de Brent Atwater et ses Amis sur Twitter, Facebook, Pinterest, Instagram, YouTube,

Croyez à la réincarnation.
C'est réel!

L'Histoire d'un Simple Amour®

De visiter pour un peu de temps dans un centre pédiatrique de soins de santé intensifs, un centre d'oncologie, ou un centre pour les brûlures ou de traumatologie est une secousse déchirante pour n'importe qui. J'ai dû appeler tout mon cœur pour pouvoir supporter les états différents de vie perturbée. Alors, j'ai décidé qu'une lumière positive était nécessaire pour briller dans les cœurs et les esprits des petites âmes qui se débattaient pour surmonter la souffrance et qui étaient tellement jeunes sur Terre, mais pas pour les maladies et les problèmes de santé et conditions médicales dont les procédures et traitements ravageaient leurs si jeunes corps.

J'ai décidé de trouver une façon d'offrir un tournant positif sur tous les aspects médicaux négatifs des questions de santé et de créer un portail de communication et un trésor de perspectives réconfortantes et rassurantes pour rendre leur condition plus endurante.

En outre, je tiens à inspirer un rire étouffé, à attirer un petit sourire, un rire espiègle ou simplement créer un change d'environnement et un endroit sûr, même pour un bref moment qui ajouterait une étincelle à un œil fatigué.

Je voudrais AUSSI donner des «étreintes» réconfortantes, symboliques et un soutien à chaque malade et lecteur en leur donnant un sens de fierté pour avoir enduré une longue bataille avec leur santé et les problèmes entourant leur maladie. J'allais aussi leur offrir un moyen tangible et permanent pour honorer et célébrer leur courage!

Je n'ai pas pu avoir d'enfants, et alors c'est ma façon de repayer en aidant ces petites âmes si courageuses.

En 1987, (The Just Plain Love® Charitable Trust) La Fondation Bienfaitrice pour Le Simple Amour pour les animaux a été créé.

Just Plain Love ®Books (Les Simples Livres d'Amour)

Pensées inspirantes qui fournissent des sourires, des étreintes et guérison pour tous les cœurs des lecteurs!

Autres Titres de Simples Livres d'Amour®

Traduits dans d'autres langues et disponibles sur audio, EBooks, Livres Cartonnés, Kindle et Livres de Poche

Inspiration:

Le livre de la Plage : Les Leçons de plage pour le bourreau de travail

Les Livres d'Enfants:

Les enfants avec le cancer – Les enfants spéciaux de Dieu!
Le Cancer et mon Papa!

La Vie et le But Spirituel:

Comment accepter, Avoir confiance et Vivre votre Vie et votre But Spirituel: Suis-Digne?
Les Prières pour Habiliter le But de votre Vie Spirituelle

Energie Médicale, Développement Intuitif:

Energie Médicale, Diagnostic Intuitif, MIDI – Comment Voir à l'intérieur du Corps+
AMIDI – Image par Résonnance Magnétique Diagnostic pour les animaux™

L'Entre-aide et la guérison – Médecine d'Esprit et de Corps:

Guérissez-vous! 23 façons pour vous guérir vous-même!
L'art qui guérit! L'art est de la médecine!

Les Livres pour les Amoureux d'Animaux:

Le chien avec un «B » sur les fesses!
«Je Suis de Retour à la Maison» L'Histoire de l'Amour d'un Chien pour toujours
«Je Suis de Retour à la Maison» L'histoire de l'Amour d'un Chat pour toujours

Brent Atwater"
Just Plain Love Books ™ présente

«Je suis de Retour à la Maison» L'Histoire de l'Amour d'un Cheval pour toujours
La Vie Animale après la Mort et la Réincarnation Animale
Réponses à toutes les questions de votre cœur!
La Réincarnation des Animaux Domestiques
動物は生まれ変わる

Nous espérons que vous avez apprécié notre Simple Livre D'Amour

Visitez les sites Internet de Brent Atwater
http://www.BrentAtwater.com
http://www.JustPlainLoveBooks.com

Connectez avec Brent
Joignez Brent et ses amis de la Communauté
Mondiale des Groupes et des pages sur:
Facebook, Twitter, YouTube, LinkedIn, Pinterest, Instagram, MySpace et d'autres

www.ingramcontent.com/pod-product-compliance
Lightning Source LLC
LaVergne TN
LVHW051517080426
835509LV00017B/2085